DER ESG-KODEX VON DIE INDUSTRIELLEN REVOLUTIONEN

DIE FORMEL DER REVOLUTION DER INTEGRIERTEN INTELLIGENZ

Der ESG-Kodex der industriellen Revolutionen:

Die Formel der Revolution der integrierten Intelligenz

Autor: Chin-Ling Loh

Stadt: Stadt von Kuleem Techno

ISBN: 9798884120891

Impressum: Unabhängig veröffentlicht

Erstdruck: 1. Januar 2024

Inhalt

Wir sind, was wir geschaffen haben

Eine Revolution ist ein Paradigmenwechsel, um grundlegende und relativ große Veränderungen in der Gesellschaft zu erreichen. Die kommerzielle Revolution begann mit mehr Handel, was zu einer Verbrauchernachfrage führte, und der Handel erweiterte das Netzwerk zwischen Ost und West. Die Seidenstraße war ein Netz eurasischer Handelsrouten, das vom zweiten Jahrhundert vor unserer Zeitrechnung bis zur Mitte des 15. Jahrhunderts aktiv war. Ab dem 11. Jahrhundert n. Chr. entdeckten die Europäer Gewürze, Seide und andere Gebrauchsgegenstände wieder, die zuvor in Europa knapp waren. Im 15. und 16. Jahrhundert erkundeten neu gegründete europäische Staaten durch Entdeckungsreisen alternative Handelsrouten, die es den europäischen Mächten ermöglichten, riesige, neue internationale Handelsnetzwerke aufzubauen. Die Nationen suchten auch nach neuen Quellen des Reichtums und engagierten sich in merkantilen und kolonialen Aktivitäten. Die kommerzielle Revolution ist gekennzeichnet durch einen verstärkten allgemeinen Handel sowie die Ausweitung der Idee von Finanzdienstleistungen wie Banken, Versicherungen und Investitionen.

Während der Handelsrevolution erlebte Italien zum ersten Mal bedeutende wirtschaftliche Veränderungen in Europa. Diejenigen, die durch Handel auf der Grundlage frühkapitalistischer Prinzipien prosperierten und sowohl die direkte als auch die imperiale Kontrolle über große Städte wie Venedig, Florenz und Mailand auf Distanz hielten. Die Kommunen und Handelsrepubliken Italiens genossen eine relative politische Freiheit, die den akademischen und künstlerischen Fortschritt förderte. Venedig wurde zu einem internationalen Handels- und Bankenzentrum sowie zu einem intellektuellen Knotenpunkt. Die wichtigsten Instrumente und Praktiken des Bankwesens sowie das Aufkommen neuer Formen der sozialen und wirtschaftlichen Organisation wurden von italienischen Stadtstaaten entwickelt, die eine entscheidende innovative Rolle bei der globalen Finanzentwicklung spielten. Die Neugier der Menschheit trieb die wissenschaftliche Revolution im 15. Jahrhundert voran. Nikolaus Kopernikus leistete einen bahnbrechenden Beitrag zur wissenschaftlichen Revolution. Das Jubiläumsjahr 1500 verbrachte er als Professor für Mathematum (Astronomie) in Rom und hielt öffentliche Vorlesungen, die einer Kritik der mathematischen Lösungen der zeitgenössischen Astronomie gewidmet waren. Später setzte sich Galilei für Kopernikus ein und entwickelte die Wissenschaft der Bewegung.

Die wissenschaftlichen Entdeckungen mit der Fähigkeit, die Kräfte der Natur zu verstehen, ermöglichen es uns, sie zu nutzen, um unsere sich entwickelnden Bedürfnisse zu befriedigen. Der wirtschaftliche Wert der Güter und Dienstleistungen der Menschheit treibt Entwicklungen, Erfindungen und Innovationen voran, die die industrielle Revolution vorangetrieben haben, eine der tiefgreifendsten Revolutionen in der Geschichte der Menschheit.

Sir Isaac Newton war eine Schlüsselfigur der wissenschaftlichen Revolution und formulierte die 1687 veröffentlichten Gesetze der Bewegung und der universellen Gravitation. Die Newtonschen Bewegungsgesetze sind drei Grundgesetze der klassischen Mechanik, die den Zusammenhang zwischen der Bewegung eines Objekts und den auf ihn einwirkenden Kräften beschreiben. Physiker entwickelten das Konzept der Energie nach Newtons Zeit, aber es ist zu einem untrennbaren Teil dessen geworden, was als Newtonsche Physik bezeichnet wird. Sie legte das grundlegende Wissen für die industrielle Revolution fest.

Der Einsatz von Dampfkraft und die Mechanisierung der Produktion leiteten im 18. Jahrhundert die industrielle Revolution ein. Diese Beschleunigung des technologischen Fortschritts brachte eine Reihe neuer Werkzeuge und Geräte hervor. Schlüsselerfindungen und Durchbrüche prägten jeden Bereich menschlicher Aktivitäten nach industriellen Gesichtspunkten und brachten eine Reihe neuer hervor. Zu den treibenden Kräften des Wandels gehören eine deutliche Steigerung der landwirtschaftlichen Produktivität, die Umstellung von Biomasse auf Kohle als primäre Energiequelle, Fortschritte in der Dampfkraft hin zu metallurgischen Methoden zur Eisenproduktion, ein Anstieg der Produktivität von Baumwollstoffen, die Nachfrage nach Industriechemikalien und Dampfmaschinen für Lokomotiven und Dampfschiffe. Dieser historische Wendepunkt ist verantwortlich für einen Bevölkerungszuwachs, eine Verstädterung, einen Anstieg des Lebensstandards und die Transformation des Kolonialismus und den Übergang zu einer kapitalistischen Wirtschaft, die dem Britischen Empire half, zur führenden globalen wirtschaftlichen und politischen Macht der Welt zu werden.

Die zweite industrielle Revolution begann im 19. Jahrhundert mit der Erfindung der Elektrizität und der Fließbandproduktion. Rasante Fortschritte in den Kommunikations- und Fertigungstechnologien prägten diese Zeit. Das Wachstum der Elektrotechnik war die Hauptursache für diese Revolution. Der vielfältige Mix aus neuen Energiearten, zuerst aus Öl, Gas, dann aus Wasserkraft, ermöglichte effizientere Massenproduktions- und Kommunikationsmethoden. Mit verbesserten Energieformen wie Elektrizität und Erdöl, der Entwicklung der Stahlherstellung, des Verbrennungsmotors und der Herstellung von synthetischen Materialien wie Kunststoff und Nylon aus dem Erdölsektor. Moderne Erfindungen wie die Glühbirne, das Telefon, der Verbrennungsmotor, das Fahrzeug, das Flugzeug, das Radio, synthetische Farben, Kunststoffe, Aspirin, Konserven, die Registrierkasse, die Schreibmaschine, die Kamera, der Phonograph, die bewegten Bilder und viele andere waren bedeutend. Neue Maschinen wie Mähdrescher und Traktor ermöglichten es den Landwirten, schneller und effizienter zu arbeiten. Die Einführung neuer Düngemittel und Pestizide trug ebenfalls zur Steigerung der landwirtschaftlichen Erträge bei, was zu einer deutlichen Steigerung der Nahrungsmittelproduktion führte. Sie ebnete auch den Weg für die Entwicklung neuer Medikamente und medizinischer Therapien. Impfstoffe haben zum Beispiel die Prävalenz tödlicher Krankheiten wie Pocken und Kinderlähmung deutlich reduziert. Dies hat sich erheblich auf die öffentliche Gesundheit ausgewirkt und ermöglicht es den Menschen, länger und gesünder zu leben.

Die zweite industrielle Revolution war eine Zeit bemerkenswerten Wirtschaftswachstums, der Entwicklung des Kapitalismus, des Freihandels und der Globalisierung, der Urbanisierung der Gesellschaft und der Innovation. Es hatte jedoch negative Folgen, wie alle Dinge. Das Aufkommen von Fabriken und Maschinen führte zu Situationen, in denen die Arbeiter brutalen Bedingungen ausgesetzt waren, in der Regel lange Stunden für wenig Lohn arbeiteten und oft in gefährlichen und schädlichen Situationen arbeiten mussten. Der Konsum entstand aufgrund der Massenproduktion, die die Menschen dazu veranlasste, mehr zu kaufen, als sie brauchten. Infolgedessen setzen Verschwendung und übermäßiger Konsum das Ökosystem unter Druck. Überbelegung und unzureichende sanitäre Einrichtungen, die durch die Stadterweiterung verursacht wurden, führten zur Übertragung von Krankheiten. Mit zunehmender Verbreitung von Fabriken und Maschinen wurden die wohlhabenden Fabrikbesitzer und diejenigen, die

die Produktionsmittel besaßen, wohlhabender, aber die Angestellten, die in diesen Einrichtungen arbeiteten, blieben oft verarmt, was zu einer Vergrößerung der Kluft zwischen Arm und Reich führte. Sie führte auch zu einem weit verbreiteten Einsatz von Kinderarbeit. Viele Kinder waren gezwungen, lange Stunden unter gefährlichen und ungesunden Bedingungen zu arbeiten. Die Steigerung der Fabrikproduktion und -effizienz führte zur Bildung riesiger Unternehmen, die oft ganze Industriezweige kontrollierten. Diese Machtkonzentration führte häufig zu Monopolen, die den Wettbewerb hemmten und zu höheren Verbraucherkosten führten. Die kapitalistische Wirtschaft, die sozialen Klassenverhältnisse und Konflikte; Mit der Ideologie von Karl Marx, sich auf eine postkapitalistische Gesellschaft mit positivem Humanismus, Sozialismus, Kommunismus, dem Reich der freien Individualität und der freien Assoziation der Produzenten zu beziehen, ist der Sturz des Kapitalismus durch eine sozialistische Revolution in der heutigen Gesellschaft unvermeidlich.

Die geopolitischen Konflikte des Ersten und Zweiten Weltkriegs sowie der wirtschaftliche Zusammenbruch der Großen Depression gehörten zu den Herausforderungen, mit denen sich diese gewaltige Periode der industriellen Revolution konfrontiert sah. Der Völkerbund (LN) war die erste globale zwischenstaatliche Institution, deren vorrangiges Ziel es war, den Globus am Ende des Ersten Weltkriegs in Frieden zu halten. Die Vereinten Nationen (UN) sind eine zwischenstaatliche Organisation, deren erklärtes Ziel es ist, den Weltfrieden und die internationale Sicherheit zu wahren, freundschaftliche Beziehungen zwischen den Nationen zu entwickeln, internationale Zusammenarbeit zu erreichen und als Zentrum für die Harmonisierung des Handelns der Nationen zu dienen. Sie wurde 1945 nach dem Zweiten Weltkrieg gegründet, um zukünftige Weltkriege zu verhindern, und trat die Nachfolge des Völkerbundes an. Die UNO hat einige der Gremien der LN geerbt, wie z.B. die Internationale Arbeitsorganisation (ILO).

Die industrielle Revolution veränderte die menschliche Gesellschaft von einer agrarischen, ressourcenorientierten Entwicklung zu einer produktionsorientierten Wirtschaft, in der Dinge nicht mehr ausschließlich von Hand, sondern auch von Maschinen hergestellt wurden. Menschen erwerben körperliche Fähigkeiten viel mehr als ihre körperlichen Fähigkeiten und verbessern das kognitive, emotionale und soziale Wohlbefinden. Die Welt trat aufgrund der von uns geschaffenen Industrialisierung in die Moderne ein, die die Muster in der natürlichen Umwelt, der Kultur und

Gesellschaft, der Globalisierung und der Regierungsführung, der geopolitischen und menschlichen Besiedlung, des Umfangs der Wirtschaft, der Arbeit, der Art der Arbeit und aller Aspekte des Familienlebens und der Gemeinschaft veränderte. Diese Auswirkungen der industriellen Revolution haben sich bis heute fortgesetzt, und es wird erwartet, dass der Megatrend in die Zukunft von allen Menschen weltweit erlebt wird. Die Welt, wie wir sie geschaffen haben, ist ein Prozess unseres Denkens. Sie kann nicht geändert werden, ohne unser Denken zu ändern.

Die Transistor-Effekte

In der dritten industriellen Revolution hielten Kernenergie und Elektronik Einzug. Auch bekannt als die digitale Revolution im zwanzigsten Jahrhundert, begann in den 1970er Jahren mit der teilweisen Automatisierung mit speicherprogrammierbaren Steuerungen und Computern. Alles begann jedoch mit wissenschaftlichen Entdeckungen lange vor der Dritten Industriellen Revolution, der erste Halbleitereffekt wurde 1833 von Michael Faraday aufgezeichnet. Michael Faraday erklärt seine Entdeckung der zunehmenden elektrischen Leitung mit steigender Temperatur in Silbersulfidkristallen.

Die Entdeckung des "Transistoreffekts" war ein entscheidender Aspekt der wissenschaftlichen Durchbrüche bei Halbleitern, Materialien, die entweder als Leiter oder als Isolator klassifiziert werden. Im Jahr 1906 erfand Lee de Forest den ersten praktischen elektronischen Verstärker, die dreigliedrige "Audion"-Trioden-Vakuumröhre. Die Tatsache, dass es das erste weit verbreitete elektronische Gerät mit Verstärkungsfähigkeiten war, macht es in der Geschichte der Technik bedeutend.

Julius Edgar Lilienfeld, ein österreichisch-ungarischer Physiker, und Oskar Heil waren die ersten, die 1925 bzw. 1934 die Idee eines Feldeffekttransistors (FET) patentieren ließen.

Der Bau des ersten Digitalrechners im Jahr 1946, des Electronic Numerical Integrator And Computer (ENIAC), markierte den Höhepunkt der Vakuumröhrentechnologie. Mit fast dreißig Tonnen Gewicht und 100.000 Teilen, darunter 18.000 Vakuumröhren, war der ENIAC eine monströse Maschine. Die Maschine war ungefähr hundert Fuß lang, zehn Fuß hoch und drei Fuß tief; Es nahm einen großen Raum ein. Die Lichter im Westen von Philadelphia wurden gedimmt, als ENIAC eingeschaltet wurde, weil er gewaltige 200 Kilowatt Strom verbrauchte. Etwa alle paar Tage ging ein Schlauch kaputt und musste gewechselt werden. Vakuumröhren hatten diesen Nachteil, da sie eine Tonne Strom verbrauchten und häufig ausfielen.

Seit Mitte des zwanzigsten Jahrhunderts spielt der Transistor eine entscheidende Rolle bei der Weiterentwicklung der modernen Technologie. Während der Transistor ursprünglich zur Verstärkung in analogen Schaltungen und zum Schalten in digitalen Schaltungen verwendet wurde, haben umfangreiche Forschung und Entwicklung immer wieder die Tür zu neuen transistorbasierten Anwendungen geöffnet.

Wissenschaftler der Bell Labs bildeten ein Team, um einen Ersatz für Vakuumröhren zu finden, nachdem sie das Problem mit ihnen vorhergesehen hatten. Das Ziel war es, ein Festkörpergerät ohne Vakuum, Filamente oder bewegliche Teile herzustellen. Im Jahr 1947 stellten John Bardeen und Walter Houser Brattain den ersten funktionsfähigen Transistor her, den Germanium-basierten Punktkontakttransistor, während sie in den Bell Labs unter William Shockley arbeiteten. Dies ebnete den Weg für immer ausgefeiltere digitale Computer.

Zu dieser Zeit bedeutete Elektronik noch hauptsächlich Vakuumröhren, der erste integrierte Schaltkreis, den Jack Kilby 1958 bei Texas Instruments entwickelte, enthielt etwa sechzig Transistoren. 1959 wurden Kilby und Noyce, damals bei Fairchild Semiconductor, als Erfinder in den Patentanmeldungen ihrer Unternehmen für den integrierten Schaltkreis genannt.

Der Metall-Oxid-Halbleiter-Feldeffekttransistor (MOSFET), der 1959 von Dawon Kahng und Mohamed Atalla in den Bell Labs entwickelt wurde, ist die am häufigsten verwendete Form des Transistors. Kleinere und kostengünstigere Radios, Taschenrechner, Computer und andere elektronische Geräte sind heute dank Transistoren möglich, die die Welt der Elektronik revolutioniert haben.

Der erste Computer der U.S. Air Force, der 1961 entwickelt wurde, war der erste chipbasierte Computer. Als Texas Instruments den Taschenrechner vorstellte, zeigte sich das volle Potenzial des integrierten Schaltkreises. Taschenrechner waren früher große, angeschlossene Geräte, die viel Platz einnahmen. Der Taschenrechner hatte einen Chip im Inneren, war klein genug, um in die Hand zu passen, und konnte mit Batterien betrieben werden.

Mikroelektronische Silizium-Computerchips sind von einem einzelnen Transistor in den 1950er Jahren auf Milliarden von Transistoren pro Chip auf den heutigen Mikroprozessoren und Speichergeräten angewachsen. Vom ersten dokumentierten Halbleitereffekt im Jahr 1833 bis zum Übergang von Transistoren zu integrierten Schaltkreisen in den 1960er und 70er Jahren.

In den 1960er Jahren war die Transistortechnologie zu einer dominierenden technologischen Kraft geworden. Vakuumröhren wurden schnell obsolet.

Die Theorie und die Arbeit mit Silizium als Halbleiter führten zum Erfolg und lösten einen weltverändernden Entwicklungsprozess bei siliziumbasierten Halbleiterbauelementen aus, der den Transistoreffekt ausnutzte. Sie sind derzeit in jedem modernen elektronischen Gerät zu finden.

Der Transistor ist eine der größten Erfindungen des 20. Jahrhunderts, die die Menschheit beeinflusst hat, und er wird uns in die Zukunft führen und in unserem täglichen Leben eine weitaus größere Bedeutung haben und unsere Welt kontinuierlich verändern.

Die gesamte moderne Elektronik verwendet Transistoren. Darauf bauen integrierte Schaltkreise (ICs), Mikrochips, Mikroprozessoren, FPGAs (Field Programmable Gate Arrays), Speicherchips, elektronische Schalter, Netzteile und eine Vielzahl anderer Geräte auf. Überall dort, wo Computing, Command and Control, Kommunikation, Datenerfassung, -speicherung und -analyse, Intelligenz, Sensorik und Betätigung, menschliche Interaktion oder ein Zugang zur virtuellen und Mixed-Reality-Welt benötigt werden, werden Transistoren vorhanden sein. Der Transistor, aus dem die Halbleiterindustrie hervorgegangen ist, ist ein wichtiger Motor für die wirtschaftliche und soziale Entwicklung und den technologischen Fortschritt. Die Transistoren ermöglichen die cyber-physischen Systeme oder intelligenten Computersysteme und -produkte, die wir zum Arbeiten, Kommunizieren, Reisen, Unterhalten, Nutzennutzen von Energie, zur Behandlung von Krankheiten und zum Sammeln neuer wissenschaftlicher Entdeckungen verwenden.

Die Transistoreffekte lösten auch die Notwendigkeit einer verantwortungsvollen und nachhaltigen Entwicklung aus, die auch in der vierten industriellen Revolution durch Maßnahmen zunahm, die in ESG-Themen wie der sozialen Entwicklung durch den Aufbau einer stärkeren Belegschaft und Gemeinschaft erforderlich waren, einschließlich der Entwicklung des Humankapitals, des Wohlergehens der Arbeitnehmer, der Gesundheit und Sicherheit sowie der Arbeitsnormen; Der Umweltschutz wie der Schutz unseres Planeten und der Umwelt umfasst Energie, Wasser, Abfall, Treibhausgasemissionen und die Kreislaufwirtschaft. Governance wie Eigenverantwortung, Rechenschaftspflicht, Geschäftsethik und

Governance-Struktur durch die Einrichtung einer Reihe von Praktiken, Kontrollen und Verfahren, um zu steuern, Entscheidungen zu treffen und die Bedürfnisse der Stakeholder zu erfüllen. Der Transistor ist und bleibt unverzichtbar, um die Auswirkungen der globalen Erwärmung zu bewältigen. Weil der Klimawandel das Potenzial hat, die Gesellschaft, die Wirtschaft und das Leben des Einzelnen auf den Kopf zu stellen, brauchen wir Instrumente, die die menschlichen Fähigkeiten um Größenordnungen erhöhen.

Die Implikationen des Mooreschen Gesetzes

1947 gab es nur einen Transistor. 1955 wurde nur ein Transistor pro 1.000 Einwohner produziert. Diese Zahl stieg von Jahr zu Jahr, was zeigt, wie exponentiell die Transistorproduktion wächst. Heute werden jede Sekunde mehr als 400 Billionen Transistoren hergestellt, verglichen mit durchschnittlich 8 Billionen Transistoren in einer einzigen Sekunde im Jahr 2014. Es wird geschätzt, dass seit ihrer Erfindung in den Jahren 1947 bis 2022 mehr als einundvierzig Sextillionen Transistoren hergestellt wurden.

Gordon Moore machte am 19. April 1965 die unglaublichste technologische Beobachtung, als er vorschlug, dass sich die Anzahl der Transistoren pro integriertem Schaltkreis jedes Jahr verdoppeln und exponentiell wachsen würde, während die Einzelhandelskosten für Computer sinken würden. So könnte es 1975 65.000 Transistoren auf einem einzigen Chip geben, während es 1965 nur 64 waren. Das Mooresche Gesetz definiert eine lineare logarithmische Beziehung dieser Transistordichte über die Zeit. 1970 hatten ICs rund zweitausend Transistoren. Im Jahr 2020 gab es weit über zehn Milliarden ICs auf dem neuesten Stand der Technik.

Das heutige Mooresche Gesetz prognostiziert, dass sich die ideale Anzahl von Transistoren pro Quadratzoll auf einem Mikrochip jedes Jahr verdoppeln würde, während sich die Herstellungskosten pro Bauteil halbieren würden. Die Idee hinter dem Mooreschen Gesetz ist, dass mit dem technologischen Fortschritt die Fertigungstechniken effektiver und die Mikrochip-Komponenten kleiner werden. Laienhaft ausgedrückt: Mehr Transistoren und Komponenten bedeuten mehr Rechenleistung, höhere Effizienz und komplexere Funktionalität. Die enorme Senkung der Rechenkosten, die sich aus dem Mooreschen Gesetz ergeben hat, hat die Einführung von Halbleitern in einer Vielzahl von Technologien ermöglicht.

Die exponentielle Wachstums- oder Zerfallsfunktion von $f(x) = e^x$, bei der die Eingangsvariable x als Exponent auftritt, kann in vielen täglichen wissenschaftlichen und industriellen Aktivitäten beobachtet werden. Es ist bemerkenswert ähnlich wie die Natur der Urknalltheorie, dass das Universum eine exponentielle Expansion mit unbegrenzten Horizonten von Raum, Zeit, Energie und Materie durchläuft. Bemerkenswert ähnlich in Biologie und Lebensform in Bezug auf Bakterienwachstum, Nahrungsabbau und Alterungsprozesse. Malthus veröffentlichte 1798 ein Buch, in dem er sagte, dass Bevölkerungen mit unbegrenzten natürlichen Ressourcen sehr schnell wachsen und dann das Bevölkerungswachstum abnimmt, wenn die Ressourcen erschöpft sind. Dieses sich beschleunigende Muster zunehmender Bevölkerungsgröße wird als exponentielles Wachstum bezeichnet.

1968 warnten Paul und Anne Ehrlich mit ihrem Buch "The Population Bomb" vor den Gefahren der Überbevölkerung, die Massenhungersnöte, soziale Unruhen und Umweltzerstörung beinhaltete. Ehrlich wies darauf hin, dass sich die Weltbevölkerung in nur einer Generation verdoppelt habe, von 2 Milliarden auf fast 4 Milliarden, und dass sie seit etwa 1930 auf dem besten Weg sei, dies erneut zu tun. Julian Lincoln Simon bestritt in seinem 1981 erschienenen Buch The Ultimate Resource die Vorstellung, dass die natürlichen Ressourcen für die Menschheit zur Neige gingen. Erst mit der industriellen Revolution des 18. Jahrhunderts wurde das Bevölkerungswachstum wieder von seinen malthusianischen Zwängen befreit. Ab etwa 1700 gab es einen zweiten, weitaus schnelleren Bevölkerungszuwachs. Die Weltbevölkerung ist seit dem späten 19. Jahrhundert um mehr als das 15-fache gewachsen.

Obwohl das Mooresche Gesetz von Ökonomen und Technologen häufig erwähnt wird, wenn sie die Halbleiterindustrie analysieren, ist wenig über die Ursachen und Auswirkungen dieses Phänomens auf ESG bekannt. Die Beachtung des Mooreschen Gesetzes fördert das exponentielle Wachstum der Transistorproduktion und gleichzeitig die Leistungssteigerung durch den Verbrauch erheblicher Mengen an Energie, Wasser und Rohstoffen aus der Umwelt und die Emission von Schadstoffen, Abfällen, Abwässern und Luftemissionen in die Umwelt. Sie treibt das Wirtschaftswachstum und die Entwicklung mit effizienteren Märkten, Innovation und Globalisierung voran. Soziale Elemente wie eine verbesserte Gesundheitsversorgung, Wohlbefinden am Arbeitsplatz, Bildung, Urbanisierung, Produkt- und Dienstleistungsqualität und eine hervorragende Regierungsführung tragen alle zur exponentiellen Expansion der menschlichen Entwicklung bei.

Das Mooresche Gesetz hat in den letzten Jahrzehnten den Fortschritt der Rechenleistung diktiert, aber in letzter Zeit scheint es, als hätten wir die physikalische Grenze der Transistorentwicklung erreicht. Es gibt jetzt internationale Bemühungen, 2D-Transistoren zu erforschen, die den Weg ebnen könnten, um wieder mit dem Mooreschen Gesetz Schritt zu halten.

Die globale Technologielandschaft entwickelt sich ständig weiter und es gibt erhebliche Veränderungen. Viele neue Anwendungen, die mit dem Mooreschen Gesetz Schritt halten, entstehen mit Datenverarbeitungsleistung wie Personal Computing, Laptops, Smartphones, Tablets, Servern und Rechenzentren unter dem Rückgrat von siliziumbasierten Prozessoren. Viele der zukünftigen Skalierung innovativer Technologieanwendungen, in denen mehr als Moore-Geräte wie die Erfassung der Interaktion wichtiger werden als die Prozessorleistung für alle elektronischen Geräte wie Überwachungskameras, Smartwatches, Drohnen, autonome Fahrzeuge, Robotik-Diener usw. Der Trend geht über Moore's hinaus in der aktuellen Verbesserung zukünftiger Anwendungen wie künstlicher Intelligenz und Cloud-Plattformen, die leistungsstarke Funktionen bieten, um die Funktionalität und Intelligenz von Sensor- und Aktuatorsystemen wie Telekinese, Industrierobotik, maschinellem Lernen, Mustererkennung und Entscheidungsfindung zu verbessern, die ein wesentlicher Bestandteil elektronischer Steuerungssysteme sind, die die elektrischen Signale von der Steuereinheit in Aktion umwandeln.

Sensoren und Aktoren benötigen oft zusätzliche Schaltkreise, um ihre Signale umzuwandeln, zu verarbeiten und von und zu anderen Geräten wie Mikrocontrollern, KI-Modulen oder Cloud-Servern zu übertragen. Alle intelligenten Geräte werden eine gemeinsame Herausforderung haben: Sie müssen einen starken Fokus auf Energieeffizienz und die Reduzierung von Stromverlusten haben.

In ähnlicher Weise können die Auswirkungen von ESG durch die Gegner wie nicht erneuerbare Ressourcen, Energie, Klimawandel, Umweltverschmutzung, ständig wachsende Berge von weggeworfenem Tech-Schrott, Elektroschrott, Gesundheitsgefahren der Industrialisierung, Cybersicherheit, geopolitische und ethische Probleme in der Technologie die limitierenden oder exponentiellen Verfallsfaktoren sein.

Das Internet von Allem

Lange bevor es die Technologie zur Entwicklung des Internets gab, sagten viele Wissenschaftler die Existenz globaler Informationsnetzwerke voraus. Nikola Tesla liebäugelte in den frühen 1900er Jahren mit der Idee eines weltweiten drahtlosen Systems, während visionäre Denker wie Paul Otlet und Vannevar Bush in den 1930er und 1940er Jahren mechanisierte, durchsuchbare Buch- und Medienspeichersysteme vorschwebten.

Die ersten echten Internet-Schaltpläne erschienen erst in den frühen 1960er Jahren, als J.C.R. Licklider vom MIT, während er am BBN arbeitete, in seiner Arbeit Mensch-Computer-Symbiose ein Computernetzwerk vorschlug und das Konzept eines intergalaktischen Netzwerks von Computern populär machte. Kurz darauf entwickelten Informatiker das Konzept der Paketvermittlung, eine Methode zur effektiven Bereitstellung elektronischer Daten, die später zu einem der wichtigsten Bausteine des Internets werden sollte. Das Internet, wie wir es heute kennen, gibt der menschlichen Entwicklung mit der Erfindung des Transistors eine neue Bedeutung. Die Erfindung des Transistors ermöglichte es, kompakte, zuverlässige und stromsparende elektronische Geräte wie Computer und Kommunikationsgeräte zu schaffen, die für den Betrieb des Internets unerlässlich sind.

Das Advanced Research Projects Agency Network (ARPANET), das vom US-Verteidigungsministerium unterstützt wurde, schuf in den späten 1960er Jahren den ersten funktionsfähigen Prototyp des Internets. In den 1970er Jahren schufen die Wissenschaftler Robert Kahn und Vinton Cerf das Transmission Control Protocol and Internet Protocol (TCP/IP), eine Kommunikationsarchitektur, die Standards für die Übertragung von Daten zwischen zahlreichen Netzwerken festlegte. Die Online-Welt nahm dann 1990 eine bekanntere Form an, als der Informatiker Tim Berners-Lee das World Wide Web erfand.

Der enorme Anstieg der Internetkapazität, der durch die Einführung von Wave Division Multiplexing (WDM) und den Einsatz von Glasfaserverbindungen Mitte der 1990er Jahre ermöglicht wurde, hatte einen transformativen Einfluss auf Kultur, Wirtschaft und Technologie. Dies ebnete den Weg für eine nahezu unmittelbare Kommunikation über E-Mail, Instant Messaging, VoIP-Telefongespräche (Voice over Internet Protocol), Video-

Chat und das World Wide Web, das Diskussionsforen, Blogs, soziale Netzwerke und Online-Einzelhandelsseiten umfasst.

Heutzutage werden Transistoren in großen Mengen verwendet, um Mikroprozessoren zu konstruieren, wobei Millionen von Transistoren in einem einzigen integrierten Schaltkreis (IC) enthalten sind. Sie versorgen auch Computer-Speicherchips und Speichergeräte, die in MP3-Playern, Smartphones, Kameras und Videospielen verwendet werden.

Die vierte industrielle Revolution ist im Gange. Dies wird auch als "Industrie 4.0" bezeichnet und definiert sich durch die Anwendung von Informations- und Kommunikationstechnologie in der Industrie. Sie entwickelte sich aus intelligenten, vernetzten eingebetteten Systemen und Technologien, die von Hardware und Software bis hin zu Cyber-Physical Systems reichen und für die IKT-Zulieferindustrie, Systemintegratoren und alle wichtigen Mainstream-Branchen zunehmend an Bedeutung gewinnen. Aufgrund der stärkeren Vernetzung und intelligenten Automatisierung erwartet das Unternehmen im 21. Jahrhundert einen raschen Wandel in Technologie, Industrie und gesellschaftlichen Mustern und Prozessen.

Die beobachteten Veränderungen bedeuten einen signifikanten Wandel in Technologien wie künstlicher Intelligenz, Gentechnik und Robotik, die die Grenzen zwischen der physischen, virtuellen und biologischen Welt verwischen. Es markiert auch eine Verschiebung von der digitalen Ära der späten 1990er und frühen 2000er Jahre zu einer Ära der eingebetteten Verbindung, die durch die Allzwecknutzung und Universalität der technologischen Nutzung in der gesamten Gesellschaft definiert ist und sich insbesondere darauf auswirkt, wie Menschen die Umwelt um sie herum erleben und verstehen. Sie behauptet, dass wir eine erweiterte soziale Realität aufgebaut haben und betreten, die nur mit menschlichen Sinnen und industriellen Fähigkeiten vergleichbar ist.

Die Entwicklung von künstlicher Intelligenz (KI) ist eine der Schlüsseltechnologien, die die vierte industrielle Revolution vorangetrieben hat. Als IBMs Supercomputer Deep Blue 1997 den Schachweltmeister Garry Kasparov besiegte, erreichte die künstliche Intelligenz (KI) einen wichtigen Meilenstein. Mit der Absicht, "zu untersuchen, wie man Maschinen dazu bringt, Sprache zu verwenden, Abstraktionen und Konzepte zu bilden, die Art von Problemen zu lösen, die heute Menschen vorbehalten sind, und sich selbst zu verbessern", prägte John McCarthy 1955 den Begriff "künstliche Intelligenz".

Seitdem hat das Mooresche Gesetz zu einem deutlichen Anstieg der KI geführt. Ein beträchtlicher Teil des Fortschritts kann auf den raschen Anstieg der Computerrechenleistung, die Verfügbarkeit größerer Datensätze und die Entwicklung von Kernalgorithmen für maschinelles Lernen zurückgeführt werden. Im Jahr 2022 lag der geschätzte Anteil der Bevölkerung und die Gesamtzahl der Menschen, die das Internet weltweit nutzen, bei 5,3 Milliarden, gegenüber 4,9 Milliarden im Vorjahr. Dieser Anteil entspricht 66 % der Weltbevölkerung. Davon waren 4,95 Milliarden oder 61,4 % der Weltbevölkerung Social-Media-Nutzer. Die Zahl der Menschen im Internet hat sich von 2015 bis 2022 verdreifacht. Die Anzahl der Menschen, die mit dem Internet verbunden sind, d.h. die Anzahl der Internet-of-Things- oder Geräte-, ist überwältigend. Das Internet of Everything ist ein Netzwerk von Verbindungen zwischen Menschen, Dingen, Sensoren, Aktoren, Daten und Prozessen, die allgemeine Intelligenz und bessere Kognition in der vernetzten Welt ermöglichen. Mit dem Internet of Everything kann jedes normale Objekt mit digitalen Fähigkeiten ausgestattet werden. Dadurch sind Internetverbindungen nicht mehr nur auf Laptops oder Smartphones beschränkt, sondern auch auf Echtzeitobjekte, Personen und Aktivitäten. Es schafft ein verteiltes Ökosystem, das in der Lage ist, nützliche Informationen zu produzieren und sie in Maßnahmen für Unternehmen, Branchen und Einzelpersonen umzuwandeln. Das Internet hat den Globus bereits verändert, aber die tiefgreifendsten Veränderungen stehen noch bevor. Seine Geschichte hat gerade erst begonnen.

Der ESG-Kodex

Es gibt fundamentale Fragen, die von den Wissenschaftlern und Philosophen noch ungelöst sind, die auf die Antworten warten, die Theorie von allem, was die Natur des Universums und die Natur des Denkens betrifft. Es wird oft gesagt, dass die letzten Fragen der Menschheit niemals gelöst werden können. Betrachtet man jedoch den Erkenntnisfortschritt zwischen der Steinzeit und heute, sind wissenschaftliche Entdeckungen des menschlichen Fortschritts in das Zeitalter der künstlichen Intelligenz weitere Fortschritte wie diese denkbar. Die beobachtete exponentielle Natur der Geschwindigkeit des technologischen Wandels in der jüngeren Geschichte könnte auf einen schnelleren und tiefgreifenderen Wandel in der Zukunft hindeuten. Jede neue wissenschaftliche Entdeckung bringt der Menschheit neuen Fortschritt und neue Entwicklung mit neuen wirtschaftlichen Anwendungen, die alle Aktivitäten im Zusammenhang mit der Produktion, dem Konsum und dem Handel von Waren und Dienstleistungen umfassen. Die Anwendung wissenschaftlicher Entdeckungen, Erfindungen und Innovationen bringt mit Unterstützung des Kapitals, des Handels und der Marktwirtschaft eine Revolution in die Industrie. Die industrielle Revolution wurde auch durch das Aufkommen eines breiten Spektrums von Umwelt-, Sozial- und Governance-Themen (ESG) mit sich gebracht, die industrielle Revolution wird an die Grenzen der weiteren Entwicklung stoßen und möglicherweise zu einem exponentiellen Verfall führen, der für die Nachhaltigkeit angegangen werden muss. Der ESG-Kodex soll die negativen Folgen der industriellen Revolution abmildern.

Beim ESG-Kodex geht es um menschliche Wünsche und Bedürfnisse. Nach Maslow (1943, 1954) waren die menschlichen Bedürfnisse in einer Hierarchie angeordnet, mit physiologischen (Überlebens-)Bedürfnissen unten und den kreativeren und intellektuell orientierten "Selbstverwirklichungsbedürfnissen" an der Spitze. Die Maslowsche Bedürfnishierarchie ist eine Motivationstheorie in der Psychologie, die ein fünfstufiges Modell menschlicher Bedürfnisse umfasst, die oft als hierarchische Ebenen innerhalb einer Pyramide dargestellt werden. Die fünf Ebenen der Hierarchie sind physiologisch, Sicherheit, Liebe/Zugehörigkeit, Wertschätzung und Selbstverwirklichung. Eine der sozialen Veränderungen der industriellen Revolution war der Konsum durch die Etablierung eines Wirtschafts- und Marketingsystems, das die Kunden dazu motiviert, mehr zu kaufen, als sie brauchen. Menschliche Bedürfnisse sind Dinge, die ein Mensch mehr haben möchte, als Bedürfnisse, die Menschen zum Überleben benötigen. Menschliche Wünsche und Bedürfnisse können gegen Produkte und Dienstleistungen eingetauscht werden. Menschliche Wünsche sind unbegrenzte Wünsche, die sich im Laufe der Zeit ändern können. Das Tauschmittel entwickelte schließlich die Verwendung von Geld als Wert. Die Entwicklung des Wertes von monetär gebildeten finanziellen Vermögenswerten als Kapital. Kapital ist ein Input in der Produktionsfunktion von Waren und Dienstleistungen, der sich auf alles beziehen kann, was einen monetären Wert oder Wert hat. Es ist kommerziell und wirtschaftlich, was den ESG-Kodex unterstützt.

Der ESG-Kodex wird auch durch wissenschaftlich fundierte Informationen unterstützt. Das wissenschaftlich fundierte Wissen und die Intelligenz treiben Erfindungen und Innovationen in der Industrie voran. Erfindung und Innovation treiben immer parallel zum Kapital die Kommerzialisierung von Produkten und Dienstleistungen voran. Erfindungen und Innovationen haben geistige Eigentumsrechte in Form von Patenten auf den Handel legitimiert. Der signifikante Veränderungsfaktor in den Revolutionen der Branche, sowohl Nutznießer als auch Gegner, wirkt sich auf die gegenwärtigen und zukünftigen Bedürfnisse der Menschheit aus. Die Nutznießer der industriellen Revolution sind die Ressourcen für ein exponentielles Wachstum der Entwicklung. Die Gegner der Branchenrevolution sind die Begrenzung des exponentiellen Verfalls des Logarithmus, der die ESG-Probleme verursacht.

Chinas kontinuierliche Zivilisation seit Tausenden von Jahren mit einer langen Geschichte ist in ökologischer Weisheit und entwickelten institutionellen Arrangements für nachhaltige Entwicklung verwurzelt. Die "Harmonie zwischen Himmel und Mensch" war in der chinesischen Kultur eine wichtige Philosophie und Sichtweise auf die Mensch-Natur-Beziehungen für eine nachhaltige Entwicklung. Nachhaltige Entwicklung hat ihre Wurzeln auch in Ideen zur nachhaltigen Waldbewirtschaftung, die im 17. und 18. Jahrhundert in Europa entwickelt wurden. Als Reaktion auf das wachsende Bewusstsein für die Erschöpfung der Holzressourcen in England argumentierte John Evelyn 1662 in seinem Essay Sylva, dass "das Säen und Pflanzen von Bäumen als nationale Pflicht eines jeden Landbesitzers angesehen werden müsse, um den zerstörerischen Raubbau an den natürlichen Ressourcen zu stoppen".

Die unmittelbare Verknüpfung von Nachhaltigkeit und Entwicklung im heutigen Sinne lässt sich bis in die frühen 1970er Jahre zurückverfolgen. "Strategie des Fortschritts", ein Buch von Ernst Basler aus dem Jahr 1972, erklärte, wie das seit langem anerkannte Nachhaltigkeitskonzept des Erhalts von Wäldern für die zukünftige Holzproduktion direkt auf die breitere Bedeutung des Erhalts von Umweltressourcen übertragen werden kann, um die Welt für zukünftige Generationen zu erhalten.

Im Jahr 1975 bereitete eine Forschungsgruppe des MIT für den US-Kongress zehn Tage lang Anhörungen zum Thema "Wachstum und seine Auswirkungen auf die Zukunft" vor, die ersten Anhörungen überhaupt, die zum Thema nachhaltige Entwicklung abgehalten wurden. Im Jahr 1980 veröffentlichte die International Union for Conservation of Nature (IUCN) eine Weltnaturschutzstrategie, die einen der ersten Verweise auf nachhaltige Entwicklung als globale Priorität enthielt und den Begriff der nachhaltigen Entwicklung einführte.

Das Konzept der nachhaltigen Entwicklung, wie wir es heute kennen, liegt weniger als 30 Jahre zurück: Es erschien zum ersten Mal 1987 in dem berühmten Brundtland-Bericht mit dem Titel "Unsere gemeinsame Zukunft", der von mehreren Ländern für die Vereinten Nationen erstellt wurde. Nachhaltige Entwicklung ist eine Entwicklung, die die Bedürfnisse der Gegenwart befriedigt, ohne die Fähigkeit künftiger Generationen zu gefährden, ihre eigenen Bedürfnisse zu befriedigen. Die Erde hat genug Ressourcen, um die Bedürfnisse aller zu befriedigen, aber nicht genug, um die Gier auch nur einer Person zu befriedigen. Ressourcen und Entwicklung sind miteinander verknüpft, und der Nachhaltigkeit in der Entwicklung sind Grenzen gesetzt. Vielleicht können die Grenzen der Nachhaltigkeit überwunden werden, indem wir das, was wir wollen, indem wir die Ressourcen vernünftig einsetzen, mit fortschrittlichen, wissenschaftlich fundierten Lösungen in Einklang bringen, um Erfindungen und Innovationen voranzutreiben, um die körperlichen und geistigen Fähigkeiten des Menschen zu überwinden.

Die erste industrielle Revolution, die im späten 18. Jahrhundert in Großbritannien begann, war eine Zeit bedeutender technologischer und wirtschaftlicher Fortschritte. Es war jedoch nicht ohne Nachteile. Zu den Einschränkungen der industriellen Revolution gehören soziale und ökologische Auswirkungen wie Arbeitskräftemangel mit schlechten

Arbeitsbedingungen, Zwangsarbeit mit langen Arbeitszeiten, die Ausbeutung von Arbeitskräften, der Einsatz von Kindern, Umweltverschmutzung und Umweltzerstörung. ESG wirkte sich in der zweiten industriellen Revolution weltweit auf die Größenordnung aus.

Die dritte industrielle Revolution, auch bekannt als Intelligenzrevolution, ist eine wirtschaftliche Transformation, bei der neue Energiesysteme mit neuen Kommunikationstechnologien konvergieren. Sie zeichnet sich durch die Verbindung von Kommunikationstechnologie durch das Internet und erneuerbaren Energien des 21. Jahrhunderts aus. Zu den Einschränkungen der dritten industriellen Revolution gehören neben den ESG-Auswirkungen, die sich aus der Ersten und Zweiten Industriellen Revolution weltweit ergeben, Gesundheit und Sicherheit, Zugang zu Kapital, Rohstoffen, Verkehrsinfrastruktur, qualifizierten Arbeitskräften, Marktrisiken, Verdrängung von Arbeitsplätzen, ungleiche wirtschaftliche Verteilung, Cybersicherheitsrisiken usw.

Die vierte industrielle Revolution (4IR) ist ein neues technologisches Paradigma, das die Art und Weise, wie wir leben, arbeiten und miteinander interagieren, verändert. Sie zeichnet sich durch die Integration fortschrittlicher Technologien wie künstliche Intelligenz, Robotik, Internet der Dinge (IoT) und Big-Data-Analysen in verschiedene Aspekte unseres Lebens aus. 4IR hat zwar das Potenzial, erhebliche Vorteile mit sich zu bringen, bringt aber auch einige Herausforderungen und Einschränkungen mit sich, die angegangen werden müssen. Zu den Herausforderungen und Risiken, die mit 4IR verbunden sind, gehören soziale Kosten und Folgen, eine zunehmende Kontrolle des Staates über die Gesellschaft, Veränderungen in den Interaktionsmechanismen zwischen Staat und Zivilgesellschaft, die Entwicklung des Wettbewerbs und die Dezentralisierung der Macht.

Einer der Nachteile von 4IR ist, dass Technologie und Automatisierung jetzt Aufgaben erledigen, für die früher ein angestellter Mitarbeiter erforderlich war. Langfristig könnte dies dazu führen, dass weniger Positionen zwischen der Vorstandsetage und dem Mindestlohnarbeiter zur Verfügung stehen. Darüber hinaus ist die Herausforderung in der Industrie 4IR oft eine fehlende Orientierung, wenn es um die Festlegung von Zielen geht. Es handelt sich oft um funktionsübergreifende Projekte mit vielen Beteiligten, was bedeuten kann, dass Projekte in Zielkonflikten stecken bleiben und einfach verpuffen können.

Trotz dieser Einschränkungen ist es wichtig zu beachten, dass die industrielle Revolution den Weg für bedeutende wissenschaftliche und technologische Fortschritte geebnet hat, die die moderne Gesellschaft mit vielen positiven Veränderungen wie Effizienzsteigerung, Kostensenkung und verbesserter Lebensqualität für die Menschen geprägt haben. Sie bietet auch erhebliche Wachstums- und Entwicklungschancen. Indem wir diese Herausforderungen direkt angehen, können wir sicherstellen, dass wir den Nutzen maximieren und gleichzeitig die Risiken minimieren.

Die Gleichung für den ESG-Code kann vielleicht in Abhängigkeit von der exponentiellen Kurve ausgedrückt werden, die wie folgt gegeben ist:

$$S = \int_{p}^{F} P \cdot e^{b(N+W-k.ESG)} \cdot \Delta t$$

Wo

S = Nachhaltige Entwicklung

F = Zukünftige Entwicklung

p = Vergangene Entwicklung

P = Gegenwärtige Entwicklung (Die abhängige Variable, z. B. Bevölkerungsgröße, Wirtschaftswachstum usw.)

b = Wachstumsrate konstant

N = Needs (Die unabhängigen Eingangsvariablen)

W = Wants (Die unabhängigen Eingangsvariablen)

k = Interessen der wichtigsten Stakeholder (Wissen, Bedenken, Erwartungen usw.)

ESG = Environmental, Social & Governance Issues (Die unabhängigen Ergebnisvariablen)

Δt = Veränderung im Zeitverlauf

e = ist die Basis des natürlichen Logarithmus (ca. 2,71828)

Die kognitive Macht des Wissens

Die menschliche Evolution ist in erster Linie biologisch mit körperlichen und sensorischen, muskulären und motorischen Kontrollfähigkeiten. Und dann die Bewusstseinsbildung mit kognitiven Fähigkeiten der Wahrnehmung, des intellektuellen, kreativen, sozio-kulturellen Wandels und des Wandels unserer homininen Vorfahren zum modernen Menschen. Die Steinzeit war eine rund 2,5 Millionen Jahre andauernde Periode der Menschheitsgeschichte, in der der Mensch eine Vielzahl von Fähigkeiten und Werkzeugen entwickelte, die für sein Überleben unerlässlich waren. Die Steinzeitmenschen waren unglaublich einfallsreich und anpassungsfähig und entwickelten Werkzeuge, Waffen und Unterkünfte, die ihren Bedürfnissen entsprachen. Sie entwickelten auch komplexe soziale Strukturen, wie Stämme und Gemeinschaften, und entwickelten religiöse und spirituelle Überzeugungen. Ihre Werkzeuge waren zwar nicht so fortschrittlich wie unsere heute, aber die Steinzeitmenschen waren genauso intelligent und konnten mit den ihnen zur Verfügung stehenden Ressourcen in einer herausfordernden Umgebung überleben. Trotz der körperlichen Einschränkungen haben die Menschen im Laufe der Geschichte und im großartigen Gewebe der Existenz die Krone der Macht getragen. Unser Gehirn ist das größte unter den Tieren mit unserer Größe. Diese Gabe versorgt uns mit Intelligenz, die es uns ermöglicht, Probleme zu lösen, zu planen und zusammenzuarbeiten. Unsere Fähigkeit, bei Aufgaben wie Jagen und Bauen zu interagieren und zusammenzuarbeiten, treibt uns voran. Darüber hinaus verfügen wir über Werkzeuge und Technologien, die es uns ermöglichen, Aufgaben zu erfüllen, die Tiere nicht ausführen können.

Feuer ist allgemein als eine wesentliche Energieform für das menschliche Leben anerkannt, mit zahlreichen Formen und Anwendungen in der modernen Welt. Abgesehen von der Sprache betrachtete Darwin sie als die größte Entdeckung der Menschheit. Es dauerte jedoch 2,4 Millionen Jahre, bis unsere Vorfahren das Feuer kontrollieren und nutzen konnten. Die Beweise für die menschliche Kontrolle des Feuers stammen aus der Wonderwerk-Höhle in Südafrika, einem Ort, an dem Menschen und frühe Homininen 2 Millionen Jahre lang lebten, und es scheint sich um Relikte von Lagerfeuern zu handeln, die vor 1 Million Jahren flackerten und aus verkohlten Tierknochen und veraschten Pflanzenfragmenten bestehen. Während der Steinzeit der prähistorischen Periode des Menschen wurde das

Wissen um den Gebrauch von Feuer und Werkzeugen als Zeichen von Intelligenz interpretiert, und es wurde die Theorie aufgestellt, dass Feuer und Werkzeuggebrauch bestimmte Aspekte der menschlichen Evolution stimuliert haben könnten, insbesondere die kontinuierliche Expansion des menschlichen Gehirns. Ein verstärkter Einsatz von Feuer und Werkzeugen würde die Jagd auf energiereiche Fleischprodukte und die Verarbeitung energiereicherer pflanzlicher Produkte ermöglichen. Die hohen Kosten großer menschlicher Gehirne werden zum Teil durch unsere energie- und nährstoffreiche Ernährung unterstützt. Offenes Feuer wird zunehmend durch moderne Technik ersetzt, dennoch existiert es noch in vielen Formen als verstecktes Feuer, wie z.B. im Verbrennungsmotor. Feuer war die treibende Kraft hinter der Weiterentwicklung aller modernen Technologien, von der Keramik bis zur Textilverarbeitung, von der Metallverarbeitung bis hin zur Elektrizität, dem Transportwesen, der Telekommunikation und der Nuklearindustrie.

Der Homosapiens entstand vor etwa 300.000 Jahren in Afrika. Spezies von hoher Intelligenz mit einem vergrößerten Gehirn. Der menschliche Körper besteht bei der Reife aus etwa 30 bis 37 Billionen Zellen mit bestimmten körperlichen und geistigen Fähigkeiten im Laufe des Menschenlebens. Das Gehirn eines modernen Menschen verbraucht im Durchschnitt etwa dreizehn Watt oder zweihundertsechzig Kilokalorien pro Tag, ein Fünftel des Ruheenergieverbrauchs des Körpers. Die Evolution des großen menschlichen Gehirns hat wichtige Auswirkungen auf die Ernährungsbiologie unserer Spezies. Große Gehirne sind energetisch teuer, und der Mensch verbraucht einen größeren Teil seines Energiehaushalts für den Gehirnstoffwechsel als andere Primaten.

Die Evolution der menschlichen Intelligenz ist eng mit der Evolution des menschlichen Gehirns und dem Ursprung der Sprache verbunden. Obwohl es unmöglich ist, Intelligenz objektiv zu definieren, wird Kognition als die geistige Handlung oder der Prozess des Erlangens von Wissen und Verständnis durch Gedanken, Erfahrung und die Sinne definiert. Das menschliche Gehirn hat sich im Laufe der Zeit allmählich entwickelt; Eine Reihe von inkrementellen Veränderungen trat aufgrund äußerer Reize und Bedingungen auf. Ein Aufblühen des Genies entsteht als Ergebnis spezifischer sozialer und intellektueller Bedingungen, die es ermöglichen, dass Kreativität in der gesamten Menschheitsgeschichte aufleuchtet, die in ein bestimmtes Zeitalter hineingeboren wird. Jeder Mensch hat viele Arten von Intelligenz und besitzt ein einzigartiges Fragment von Fähigkeiten; Kollektives Genie kann verbessert werden und geschieht, wenn die Gesellschaft diese verschiedenen Fragmente des großen, fokussierten Geistes des Genies nährt und verbindet.

Landwirtschaft, Schrift und das Rad wurden alle innerhalb der letzten 12.000 Jahre erfunden; Der technologische Fortschritt war schneller, aber immer noch ziemlich langsam, da zwischen jeder dieser drei Erfindungen mehrere tausend Jahre vergingen. Ein Großteil der Welt trat als Folge der Industrialisierung in die Moderne ein, mit der Macht des Wissens, der Erfindung und der Innovationen neuer produktiver Werkzeuge, die es den Menschen ermöglichten, Aufgaben auszuführen, die Energie erforderten, die über ihre körperlichen Fähigkeiten hinausgingen, was die Muster der menschlichen Entwicklung in der Art und Weise, wie Menschen leben, arbeiten und miteinander interagieren, veränderte. Die Bedeutung kognitiver Fähigkeiten für die Menschen, die Gesellschaft und die Nation steht in einem positiven Zusammenhang mit den meisten Industrialisierungs- und sozialen Ergebnissen später im Wirtschaftswachstum und in der Entwicklung.

Viele der größten Denker der Welt haben durch ihre tiefgründigen Einsichten und erstaunlichen Fähigkeiten im Laufe der Geschichte zum Fortschritt der Zivilisation beigetragen. Kluge Menschen oder Genies sind Menschen, die über herausragende intellektuelle oder kreative Fähigkeiten verfügen und etwa zwei Prozent der menschlichen Bevölkerung ausmachen. Individuelles Genie mag einen konstanten Anteil an der Weltbevölkerung ausmachen, aber kollektive Brillanz variiert stark mit dem Lern- und Vernetzungsniveau der Gesellschaft. Die Führungsrolle in einem Wettrüsten zwischen Genies bei wissenschaftlichen Entdeckungen, Erfindungen und Innovationen und Wettkämpfen um die Befriedigung menschlicher Bedürfnisse und Wünsche war ein wichtiger Faktor für die menschliche Entwicklung und die industriellen Revolutionen von der Steinzeit bis zum digitalen Zeitalter.

Unter den Genies gibt es einen Reichtum an Originalität, Kreativität und die Fähigkeit, sich neue Wege und Bereiche vorzustellen oder zu denken, die sich in Wissen und Anwendungen verwandeln, die die Revolutionen von der kommerziellen, wissenschaftlichen und industriellen Revolution geprägt haben. Diese Revolutionen werden auch soziale Revolutionen wie die politische, religiöse und kulturelle Revolution prägen.

Kopernikus, der Pionier der modernen Astronomie, wurde 1473 in Torun, Polen, in eine wohlhabende Kaufmannsfamilie geboren. Er wurde von seinem Onkel, Bischof Watzenrode, gefördert, der ihn zunächst an die Universität Krakau schickte, um die Gesetze und Vorschriften der katholischen Kirche zu studieren, und dann nach Italien, um an den Universitäten von Bologna, Padua und Ferrara zu studieren. Kopernikus verbrachte jedoch die meiste Zeit damit, Mathematik und Astronomie zu studieren. Während seines Studiums an der Universität von Bologna lebte und arbeitete Kopernikus mit dem Astronomieprofessor Domenico Maria de Novara zusammen, forschte und half ihm, den Himmel zu beobachten. Die entscheidenden Faktoren, um seine Intelligenz und Entdeckungen mit der Unterstützung einer wohlhabenden Kaufmannsfamilie, formaler Bildung, seltener Individualität und Forschungserfahrung zu ermöglichen. Kopernikus' revolutionäre Theorie, dass sich die Erde um die Sonne bewegt, stellte mehr als ein Jahrtausend wissenschaftlicher und religiöser Weisheit auf den Kopf. Der Widerstand gegen diese revolutionäre Idee kam jedoch nicht nur von den religiösen Autoritäten. Die meisten Wissenschaftler weigerten sich dann viele Jahrzehnte lang, diese Theorie zu akzeptieren, selbst nachdem Galilei seine epochalen Beobachtungen mit seinem Teleskop gemacht hatte.

Der Pionier der ersten industriellen Revolution, James Watt, fand in dem Eisenfabrikanten John Roebuck einen Finanzier und erhielt schließlich 1769 das Patent für seine Dampfmaschine: Patent 913. Eine Methode zur Verringerung des Dampfverbrauchs in Dampfmaschinen - der separate Kondensator. Bis 1775 geschah in der Produktion nicht viel. Dann erwirkte Watt mit großer Unterstützung seines Geschäftspartners, des reichen Industriellen Matthew Boulton, einen Parlamentsbeschluss, der sein Patent bis zum Jahr 1800 verlängerte. Während der Laufzeit von Watts Patent wurden im Vereinigten Königreich rund 750 PS Dampfmaschinen pro Jahr hinzugefügt. In den dreißig Jahren nach Watts Patenten kamen mehr als 4.000 PS pro Jahr hinzu. Darüber hinaus verbesserte sich die Brennstoffeffizienz von Dampfmaschinen während Watts Patentzeit kaum, obwohl sie zwischen 1810 und 1835 schätzungsweise um den Faktor fünf gestiegen ist.

James Watt wuchs in einer gut ausgebildeten Familie auf und erhielt von klein auf eine gute Ausbildung. Watts' Vater war Schreiner und Konstrukteur für nautische Ausrüstung, während sein Großvater Mathematiklehrer und schottischer Patriot war. 1757 erhielt Watt eine Stelle als Instrumentenbauer an der Universität Glasgow. Als John Robinson, Professor an der Universität Glasgow, Watt dazu motivierte, ein Modell des Newcomen-Motors zu bauen, war er nicht mehr aufzuhalten. Seine gut ausgebildete Familie, seine formale Aus- und Weiterbildung, die finanzielle Unterstützung durch seine unternehmerischen Bemühungen, die Erteilung von Patenten, um angemessene Lizenzgebühren für die neuen Motoren zu erhalten, und das Bedürfnis des Marktes nach Effizienz und Produktivität trugen maßgeblich zu seiner Brillanz bei. Um 1790 war Watt ein wohlhabender Mann, der in 11 Jahren 76.000 Pfund an Lizenzgebühren für seine Patente erhalten hatte.

Nikola Tesla wurde im österreichischen Kaiserreich geboren und wuchs dort auf. Tesla studierte in den 1870er Jahren Ingenieurwesen und Physik, ohne einen Abschluss zu erhalten, und sammelte Anfang der 1880er Jahre praktische Erfahrungen in der Telefonie und bei Continental Edison in der neuen Elektrizitätsindustrie. Im März 1885 traf er sich mit dem Patentanwalt Lemuel W. Serrell, dem gleichen Anwalt, den auch Edison benutzte, um Hilfe bei der Einreichung der Patente zu erhalten. Serrell stellte Tesla zwei Geschäftsleuten, Robert Lane und Benjamin Vail, vor, die sich bereit erklärten, ein Unternehmen zur Herstellung von Bogenbeleuchtung und Versorgungsunternehmen in Teslas Namen zu finanzieren, die Tesla Electric Light and Manufacturing Company.

Guglielmo Marconi war ein italienischer Erfinder, der für seine Entwicklung eines praktischen, auf Radiowellen basierenden drahtlosen Telegrafensystems bekannt war. Marconi war auch Unternehmer, Geschäftsmann und Gründer der Wireless Telegraph & Signal Company im Vereinigten Königreich im Jahr 1897.

Wissen wird vielleicht nicht immer in die Praxis umgesetzt und führt zum Erfolg, aber mit Weisheit und einem fokussierten Verstand ist die Anwendung von Wissen der Schlüssel zum Erfolg. Wissen ist in den entwickelten Volkswirtschaften zu einem entscheidenden Produktionsfaktor geworden, und da der Mensch der Träger und Verwerter von Wissen ist, gewinnen qualifizierte Humanressourcen eine ähnlich große Bedeutung. Diese Fortschritte sind Elemente der wesentlichen Veränderungen, die die vierte industrielle Revolution (4IR) charakterisieren.

Menschen sind mit kognitiven Kräften fest verdrahtet, um stärker, schneller und intelligenter zu werden. höher aufzusteigen, länger zu leben und jeden Zentimeter Land und Raum zu bewohnen. In den letzten Jahrzehnten hat die Menschheit eine Reihe von Weltrekorden gebrochen, aber wie weit können wir noch gehen?

In den 1980er Jahren untersuchte James Robert Flynn die Ergebnisse von Stanford-Binet- und Wechsler-IQ-Tests und berichtete, dass die durchschnittlichen IQ-Werte der Amerikaner in 46 Jahren um 13,8 IQ-Punkte gestiegen sind. Der Flynn-Effekt ist der erhebliche und lang anhaltende Anstieg sowohl der flüssigen als auch der kristallisierten Intelligenztestergebnisse, die im Laufe des 20. Jahrhunderts in vielen Teilen der Welt gemessen wurden. Im Laufe des letzten Jahrhunderts ist der durchschnittliche IQ in den Industrieländern gestiegen, um mit der Komplexität des modernen Lebens Schritt zu halten. Zwischen 1900 und 2012 stieg er um fast 30 Punkte, was bedeutet, dass die durchschnittliche Person im Jahr 2012 einen höheren IQ hatte als 95 % der Bevölkerung im Jahr 1900. Im Jahr 2012 packt Flynn seine ursprüngliche Erkenntnis aus und kommt zu dem Schluss, dass Menschen nicht klüger, sondern nur moderner sind. Der Genie-Faktor ist viel spezieller und tiefer als nur eine Stärke. Es ist das Energiefeld, wer und was den Menschen ausmacht. Es ist ein Geschenk an die Welt.

Die weltweite COVID-19-Pandemie-Epidemie im Jahr 2019 bietet weiterhin erhebliche Probleme, wobei die Folgen der Verschwendung von Gehirnleistung enorm sind. Das OECD-Programm für die internationale Schulleistungsstudie (PISA) 2022 ist die erste groß angelegte Studie, die Daten darüber sammelt, wie sich die Pandemie auf die Leistungen und das Wohlbefinden von Schülerinnen und Schülern ausgewirkt hat. Im Rahmen von PISA 2022 wurden fast 700.000 15-jährige Schülerinnen und Schüler aus 81 OECD-Mitglieds- und Partnerländern in den Fächern Mathematik, Lesen und Naturwissenschaften untersucht. Im Vergleich zu 2018 sank die durchschnittliche Leseleistung um zehn Punkte und die mathematischen Leistungen um fast fünfzehn Punkte, was einen beispiellosen Leistungsrückgang in der gesamten OECD darstellt. Trotz der wirtschaftlichen Auswirkungen der Pandemie auf andere Branchen hat sich die Branche der künstlichen Intelligenz (KI) im Jahr 2020 erheblich entwickelt. In der Zeit nach der COVID-19-Pandemie befindet sich KI noch in der Anfangsphase eines langwierigen langfristigen Entwicklungstrends. Die Pandemie beschleunigt den Digitalisierungstrend, insbesondere in Bereichen wie Online-Kommunikation, Produkt- und

Dienstleistungsbereitstellung, Produktivität, Bildung und Biotechnologie, einschließlich der Entwicklung und Entdeckung von Arzneimitteln. Trotz der vielfältigen Vorteile, die KI bieten kann, kann ihre Nutzung von der Gesellschaft anders gesehen werden, was moralische und ethische Bedenken aufwirft, insbesondere wenn es um das Sammeln und Verwenden öffentlicher Daten geht, die von Social-Media-Plattformen erfasst wurden. Die ethischen Zwickmühlen, die auch mit dem Rückgang des Wohlbefindens der jüngeren Generation in Bezug auf Intelligenz einhergehen, wirken sich auf ihre Persönlichkeit aus und stehen in irgendeiner Weise in Verbindung mit dem Aufkommen der KI-Industrie. Die COVID-19-Pandemie hat gezeigt, wie wichtig es ist, sich auf Schocks und Störungen auf weltweiter Ebene vorzubereiten.

Viele außergewöhnliche Menschen hatten das Glück, in der Ära der industriellen Revolution geboren zu werden, in der der Kontakt mit Vorbildern brillanter Menschen, mit einem unterstützenden Umfeld und spezifischen Umständen eine große Rolle spielt. Diejenigen, die in jungen Jahren gut in Naturwissenschaften und Mathematik waren, hatten eine höhere Wahrscheinlichkeit, später im Leben Erfinder und Innovatoren zu werden, ein erfülltes Leben zu führen und einen Beitrag zur Gesellschaft zu leisten. Bei der ersten Assoziation im ESG-Kodex für nachhaltige Entwicklung geht es um Menschen. Die kognitive Kraft des Wissens und die Intelligenz der Menschen beeinflussen maßgeblich die nachhaltige Entwicklung und den Wettbewerbsvorteil von ESG-Aspekten. Top-Talente interessieren sich besonders für Umwelt-, Sozial- und Governance-Themen (ESG) und arbeiten bevorzugt mit Organisationen zusammen, die sich dieser Themen bewusst sind und sich aktiv darum bemühen, diese anzugehen. Das gesamte Spektrum menschlicher Kreativität blüht auf, wenn Talent und Hingabe mit günstigen Umständen kombiniert werden.

Die Gleichung für die Assoziation in der Erkenntnisleistung kann vielleicht in der Funktion ausgedrückt werden, die gegeben ist durch:

$$CP = \int_{p}^{f} P.\, e^{b(GQ+C+EC+g+LP+AI)} . \Delta t$$

Wo

CP = Die kognitive Kraft

GQ = Der allgemeine Intelligenzquotient (Intelligenzquotient, Emotionale Intelligenz, etc.)

C = Zufall (Entwicklung, Risiken und Chancen, Marktanforderungen, Patente, Politik, etc.)

EC = Umweltkatalysatoren

g = Der Genie-Faktor

LP = Lernen und Praxis (Bildungssystem, Forschung und Entwicklung, etc.)

KI = Künstliche Intelligenz (Machine Learning, Deep Learning, Generative Learning, etc.)

P = Gegenwart

f = Zukunft

p = Vergangen

b = Wachstumsrate konstant

Δt = Veränderung im Zeitverlauf

e = ist die Basis des natürlichen Logarithmus (ca. 2,71828)

Die Reichweite der Mächte

Es ist eine Sammlung komplexer sozialer, kultureller, politischer und wirtschaftlicher Aspekte, die wesentlich zur Modernisierung der Welt und zum Fortschritt der Technologie beigetragen haben. Wissenschaftliche Entdeckungen sind eine der treibenden Kräfte hinter dem Aufkommen der Technologie, die Globalisierung und Industrialisierung ermöglichte und gleichzeitig die Dominanz in den Bereichen Umwelt, Sozialökonomie und Regierungsführung übernahm. Der Aufstieg der Renaissance, der Reformation und des Kapitalismus schufen die notwendigen Voraussetzungen für den Aufstieg der frühneuzeitlichen Wissenschaft in Westeuropa.

In den frühen 1930er Jahren formulierte Joseph Needham mehrere wichtige Fragen darüber, warum China angesichts seiner frühen wissenschaftlichen Errungenschaften keine wissenschaftliche Revolution erlebt hatte. Needham befasste sich mit diesen Fragen unter Berücksichtigung der Tatsache, dass China früher bedeutende Fortschritte erzielt hatte, die weit über andere Zivilisationen hinausgingen, was Chinas Geschichte der Landwirtschaft, Medizin, Astronomie, Mathematik, Physik, Chemie, Ingenieurwesen und zahlreicher technologischer Erfindungen nicht nur im Kontext der Wissenschaft, sondern auch der Weltzivilisation dokumentiert. Er kam zu dem Schluss, dass die Kombination der richtigen intellektuellen und wirtschaftlichen Bedingungen die notwendigen Bedingungen für den Aufstieg der frühneuzeitlichen Wissenschaft schuf. Infolgedessen sind die richtigen intellektuellen, Governance- und Kapitalbedingungen Teil des ESG-Kodex für die industrielle Revolution.

Die Antwort ist jetzt klar, mit der wissenschaftlichen Revolution 2.0 und der Rückkehr des Aufkommens des chinesischen Wissenschaftssystems in der Rolle der vierten industriellen Revolution, als das Land mit den richtigen intellektuellen Kräften und dem richtigen Zugang zum richtigen Kapital unter den sozialen und wirtschaftlichen Bedingungen regierte, mit einer Beschwörung des politischen und wirtschaftlichen Pragmatismus, der von Chinas wirtschaftlicher Reformpolitik mit dem Ziel der Selbstverbesserung und der Entwicklung bestimmter Märkte geleitet wurde Elemente und Aspekte des Kapitalismus in einem sozialistischen System. Der überragende Führer Chinas erlangte während der Ära von Deng Xiaoping an Bedeutung, als er in der Lage war, politische Macht auszuüben, ohne offizielle oder formell bedeutende Partei- oder Regierungsämter innezuhaben. Als eine der einflussreichsten politischen Figuren der Welt ist der überragende Führer für die größte Volkswirtschaft in der neuen Weltordnung des IR4.0 in Bezug auf die BIP-Kaufkraftparität (KKP), die zweitgrößte Volkswirtschaft in Bezug auf das nominale BIP und eine zukünftige Supermacht verantwortlich. Die Regierung ist die mächtigste Interessengruppe mit den einflussreichsten, kontrollierendsten und repräsentativsten Interessen der Menschen des Landes in der Rolle der industriellen Revolution.

Als China 1978 mit der Reform begann, waren 80 Prozent der Bevölkerung Bauern, arme Bauern wurden vor 35 Jahren gegründet, und das Pro-Kopf-BIP betrug ein Drittel des Pro-Kopf-BIP Afrikas südlich der Sahara. Seit der Öffnung für Außenhandel und Investitionen und der Umsetzung von marktwirtschaftlichen Reformen im Jahr 1979 gehörte China mit vier Industrialisierungsreformen gleichzeitig zu den weltweit am schnellsten anhaltenden Expansionen einer großen Volkswirtschaft in der Geschichte. Fast die Hälfte aller Industriegüter wird von China geliefert, darunter Fahrzeuge, die etwa ein Viertel des weltweiten Angebots ausmachen, Zement, der 60 % der weltweiten Produktionskapazität ausmacht, und Rohstahl, der 800 % des US-Niveaus und 50 % der globalen Kapazität ausmacht. Darüber hinaus hat China etwa 150 % der weltweiten industriellen Patentanmeldungen. Darüber hinaus produziert China mehr Schiffe, Hochgeschwindigkeitszüge, Robotik, Computersysteme, Mobiltelefone, Werkzeugmaschinen, Tunnel, Brücken und Autobahnen als jedes andere Land der Welt. Das heutige China ähnelt daher den Vereinigten Staaten im 19. Jahrhundert. China hat die geheime Formel der ursprünglichen industriellen Revolution ausgegraben, die erstmals vor über zweihundert Jahren in Großbritannien angewandt wurde. Und jedes Land, das diese Formel herausgefunden hat, kann sich industrialisieren. Sie führten es auf Französisch auf. Es war Deutschland. Die USA haben es ausgeführt. Es war Japan. China ist derzeit führend gegenüber den USA in wichtigen Technologiebereichen wie dem mobilen Bezahlen und wird in Bereichen wie künstlicher Intelligenz, Technologien der nächsten Generation und hochentwickelten Mikrochips immer wettbewerbsfähiger.

Die Kraft wissenschaftlicher Entdeckungen, zusammen mit dem Einsatz von Technologie und Maschinen als Kapital in der Wirtschaft, weckt ein neues Interesse der Interessengruppen an industriellen Revolutionen.

Der Stakeholder der industriellen Revolution ist entweder eine Einzelperson, eine Gruppe oder eine Organisation, die von dem Ergebnis betroffen ist. Stakeholder haben ein Interesse und die Macht, das Ergebnis zu beeinflussen. Die industrielle Revolution brachte enorme Veränderungen in der Sozialstruktur mit sich, von denen die bedeutendste eine Verlagerung von landwirtschaftlicher und handwerklicher Beschäftigung hin zu fabriknahen Berufen war. Infolgedessen entstand der Begriff der sozialen Klasse und des Interessenvertreters, der einen hierarchischen sozialen Rang darstellt, der durch die wirtschaftliche Stärke eines Individuums definiert wird.

Die Akteure an vorderster Front, die die Erste Industrielle Revolution initiierten, waren höchstwahrscheinlich die Elite, eine kleine Gruppe von Kapital, mächtigen und intellektuellen Interessen, Menschen, die in die Handelsgesellschaften der europäischen Länder involviert waren, die die Neue Welt und die Kolonialmächte entdeckten und erforschten, mit dem Interesse des Potenzials, Wirtschaftswachstum, Wohlstand und sozialen Statusgewinn zu steigern. und die Lebensqualität zu verbessern. In diesem Prozess gewann diese Elitegruppe an Macht und übernahm die Führung, um das Ergebnis zu beeinflussen. Die Erfinder gehörten auch zu den erfolgreichen Unternehmern der frühen industriellen Revolution. Ihr Unternehmertum verdient nicht nur Geld, wenn ihre Unternehmen expandieren, sondern findet auch einen Marktbedarf durch kreative Ideen in der Verbrauchergemeinschaft, entwickelt ein Geschäftskonzept und ergreift die Initiative, um ihr Unternehmen zu gründen. Fast alle Unternehmer, die als Investoren Zugang zu Risikokapital oder Private-Equity-Kapital haben, sind für die erfolgreiche Expansion ihres Unternehmens unerlässlich.

Moderne Fabriken entstanden als Ergebnis des technologischen Fortschritts, der von Risikokapitalgebern und Investoren finanziert wurde, was auch eine neue Art der industriellen Organisation hervorbrachte. Veränderungen der einen Art erzwingen Veränderungen der anderen. Ein neues Feld von Berufen und Talenten von Fabrikleitern, Managern, Wissenschaftlern, Technologen, Ingenieuren, Arbeitern und Angestellten wurde geschaffen. Industriegesellschaften sind oft Massengesellschaften, denen eine Informations-, Wissens- und Geheimdienstgesellschaft folgen kann. Das Familiensystem hat sich weiterentwickelt, da die meisten Menschen in die Städte gezogen sind, wobei das getrennte Leben von Großfamilien immer typischer wird. Die Übertragung von Krankheiten hat durch die Umsiedlung von Menschen aus weniger überlasteten landwirtschaftlichen Gebieten in dichter besiedelte Ballungsräume zugenommen. Die Rolle der Frau in der Gesellschaft hat sich von der primären Betreuungsperson zur Ernährerin gewandelt, was zu weniger Kindern pro Haushalt führt. Darüber hinaus führte die erste Industrialisierung zu einem Anstieg der Kinderarbeit und damit zu den Bildungssystemen. Technologie und Maschinen werden eingesetzt, um die Massenproduktion zu erleichtern und eine riesige Bevölkerung der Gesellschaft mit einer hohen Fähigkeit zur Arbeitsteilung zu unterstützen.

Die vierte industrielle Revolution steht für völlig neue Wege, wie Technologie in Gesellschaften und sogar in unseren menschlichen Körper eingebettet wird. Die Stakeholder-Gruppen an vorderster Front mit der höchsten Kapitalmacht und dem höchsten intellektuellen Interesse an der Einbindung von Stakeholdern sind die Elitegruppe der erfolgreichen Innovatoren und Unternehmer, multinationale Konzerne, Regierungen und Regulierungsbehörden, die Halbleiterindustrie und die Endverbraucherindustrien sowie die Risikokapitalinvestoren.

Die Industrialisierung führt aufgrund der Arbeits- und Kapitalteilung zu einer größeren Kluft zwischen Arm und Reich. Diejenigen, die Kapital besitzen, neigen dazu, übermäßige Gewinne aus ihren wirtschaftlichen Aktivitäten anzuhäufen, was zu einer größeren Ungleichheit von Einkommen und Vermögen führt. Infolge der industriellen Revolution veränderten sich die Volkswirtschaften und wirkten sich auf alle Bevölkerungsschichten aus. Im Zuge der Industrialisierung entstanden verschiedene Klassen: die Arbeiterklasse, die Mittelschicht und die Superreichen. Die industrielle Revolution hatte einen nachhaltigen Einfluss auf alle Menschen, aber nicht alle gleichermaßen. Diejenigen, die in der Lage waren, die besseren Jobs oder Geschäftsinhaber zu nutzen, konnten in vielerlei Hinsicht Komfort, Privilegien und Freizeit genießen. Sie förderte auch das Wachstum der Mittelschicht von Menschen, die nicht überreich waren, aber vom Anstieg der Einkommen mit sicheren Arbeitsplätzen profitierten und ihren wirtschaftlichen Status verbesserten.

Die sich weltweit verändernde Landschaft der industriellen Revolution hat langfristige Auswirkungen auf ESG. Die industrielle Revolution stellt einen grundlegenden Wandel in der Art und Weise dar, wie Menschen leben, arbeiten und miteinander umgehen. Angesichts der vierten industriellen Revolution und des enormen technologischen Fortschritts gehören zu den Herausforderungen, die sich auf die Welt auswirken werden, Cybersicherheit, digitale Rechte und Privatsphäre, Bedrohungen der Beschäftigung, soziale Fragmentierung, Ungleichheit, übermäßiger Raubbau an natürlichen Ressourcen und Klimawandel. Diese kolossalen globalen Herausforderungen erfordern die Zusammenarbeit zwischen verschiedenen Akteuren, um einen guten Kapitalismus für die nachhaltige Entwicklung von Organisationen zu unterstützen.

Die 4IR könnte zu globalen Herausforderungen führen, die es so noch nie gegeben hat. Die 4IR wird durch größere Ungleichheit und schwerwiegende Arbeitsplatzverluste gekennzeichnet sein, neben anderen Risiken, die mit dem Klimawandel verbunden sind, wie Hitzewellen und der Anstieg der Ozeane. Auf der anderen Seite gewann die Stakeholder-Theorie in der vierten industriellen Revolution an Popularität als eine Theorie, die dazu beitragen kann, einen guten Kapitalismus in Organisationen zu bringen, um einige der Herausforderungen der 4IR zu bewältigen.

Die Revolution führt zu größerer Ungleichheit, insbesondere im Hinblick auf ihr Potenzial, die Arbeitsmärkte zu stören. Es wird angenommen, dass die Automatisierung die Arbeit in allen Volkswirtschaften ersetzen wird, und der Nettoeffekt der Verdrängung von Arbeitskräften durch Maschinen wird eine massive Vergrößerung der Kluft zwischen den Kapitalrenditen und den Renditen der Arbeit sein. Die Menschen, die in der Lage sein werden, Ideen und Innovationen zu schaffen, werden mehr gewinnen als die Besitzer von Arbeitskräften und diejenigen, die über Kapital verfügen, das sie nicht vollständig durch Innovation nutzen. Dies kann auch zu einer Situation führen, in der niedrige Qualifikationen zu niedrigen Löhnen führen, während hohe Qualifikationen zu hohen Löhnen führen. In dieser Revolution werden die Menschen mit Ideen knappe Ressourcen sein und nicht die Arbeiter oder Investoren.

		Geringer Stromverbrauch	Mittlere Leistung	Hohe Leistung
Intellektuell	Hohe Zinsen	• Wissenschaftler • Forscher	• Innovatoren • Entrepreneure	• Elitegruppe erfolgreicher Innovatoren und Unternehmer • Multinationaler Konzern • Branchenführer • Technologen
	Mittlere Interessen	• Lokale Gemeinschaften • KMU	• Angestellte • Verbraucher • Lieferanten • Wirtschaftsverbände • Gewerkschaften • Medien	• Regierung • Geldgeber, Finanziers und Investoren
	Niedrige Zinsen	• Arbeiter • Familie		
		Geringer Stromverbrauch	Mittlere Leistung	Hohe Leistung
			Hauptstädte	

Das Kapital, die Macht, das intellektuelle Interesse der wichtigsten Anspruchsgruppen.

Während wir hier sprechen, verändern technologische Fortschritte im physischen, digitalen und biologischen Bereich die Weltwirtschaft radikal. Zu den Technologien der Industrie 4.0 gehören unter anderem cyber-physische Systeme, die Kommunikation, IT-Daten und physische Elemente integrieren, sowie Sensornetzwerke, Internet-Infrastruktur, intelligente Echtzeitverarbeitung und Ereignismanagement sowie Akteure für mechanische Tätigkeiten, Automatisierung, Roboter, künstliche Intelligenz, Machine-to-Machine und das Internet der Dinge, die die Art und Weise, wie die Welt funktioniert, verändern. Diese Technologien haben in letzter Zeit im globalen Kampf gegen die COVID-19-Epidemie geholfen. Die Möglichkeiten sind grenzenlos. Um der miteinander verbundenen und sich schnell verändernden Natur neuer Technologien im biologischen, digitalen und physischen Bereich gerecht zu werden, ist eine stärkere Integration und Koordination unter Einbeziehung zahlreicher Interessengruppen erforderlich. Da die 4IR neue sektorübergreifende Wirtschaftsaktivitäten hervorbringt, müssen bürokratische Verfahren vereinfacht und Rollen und Funktionen abgeschafft werden. Politische Entscheidungsträger und Umsetzer müssen auch die gemeinsame Verantwortung, Unparteilichkeit und Offenheit stärken. Dies würde dazu beitragen, einen regulatorischen Rahmen zu entwickeln, der für Kreativunternehmen und die Ressourcenoptimierung förderlich ist.

Wohltätigkeit und soziale Verantwortung

Der technologische Fortschritt in der industriellen Revolution wirft eine Vielzahl von Fragen über Werte und Menschlichkeit auf. Die Wesentlichkeit des ESG-Kodex und des ESG-Wertes besteht darin, dass Menschen Menschen und Menschlichkeit brauchen. Wohltätigkeit ist das Prinzip, Gutes zu tun und im besten Interesse anderer zu handeln, während soziale Verantwortung die Verpflichtung ist, zum Wohlergehen der Gesellschaft und der Umwelt beizutragen. Die Art und Weise, wie Menschen lebten, arbeiteten, miteinander interagierten und Gemeinschaften bildeten, wurde durch die industrielle Revolution drastisch verändert. Sie veränderte das tägliche Leben erheblich, indem sie die Auflösung von Familien, die Entstehung der Arbeiterklasse und die Beschleunigung der Urbanisierung herbeiführte. Während der industriellen Revolution hatten die Aktivitäten, Werte und Verantwortlichkeiten von Unternehmensorganisationen eine doppelte Wirkung auf die Gesellschaft: nützlich und schädlich.

Während der ersten industriellen Revolution befürchteten Textilarbeiter, dass Webmaschinen ihre Arbeitsplätze gefährden könnten. Das System des Kapitalismus ist dynamisch. Letzten Endes hat die technologische Innovation mehr neue Arbeitsplätze geschaffen als vernichtet. In den 1940er und 1950er Jahren begannen die Industrieländer, sich ernsthaft mit den durch die industrielle Arbeit verursachten Störungen auseinanderzusetzen. Arbeitsgesetze und Sozialprogramme waren die wichtigsten Instrumente, die zu diesem Zweck eingesetzt wurden. Es ist schwer vorstellbar, dass die KI-Revolution Arbeitsplätze schaffen wird, die der industriellen Revolution ebenbürtig sind, die eine Vielzahl neuer Büro- und Arbeiterpositionen hervorgebracht hat. Sie begann die sozialen und wirtschaftlichen Bedingungen in Großbritannien drastisch zu verändern, bevor sie sich auf andere Teile der Welt ausweitete. Die Forderungen nach sozialen Veränderungen entzündeten sich an den Bedingungen, die das industrielle System während der industriellen Revolution geschaffen hatte, darunter die Beschäftigung von Minderjährigen, lange Arbeitstage und unterdurchschnittliche Wohn- und Arbeitsbedingungen. Der Sozialismus wurde als ein mögliches Heilmittel entwickelt.

Die bekanntesten Werke von Karl Marx sind das 1848 erschienene Pamphlet Das Kommunistische Manifest mit Friedrich Engels und das dreibändige Das Kapital (1867–1894), in dem er postulierte, dass die industrielle Revolution eine neuartige Produktionsweise hervorbrachte, die auf der Ausbeutung der Arbeit durch das Kapital beruhte. Marx argumentierte, dass die industrielle Revolution die Kapitalakkumulation, die Mechanisierung der Produktion und die Arbeitsteilung förderte, was zur Entmenschlichung, Entfremdung und Armut der Arbeiter führte. Marx behauptete auch, dass Wissenschaft und Technologie als Ergebnis der industriellen Revolution nicht als Werkzeuge der Emanzipation und Freiheit für die Arbeiterklasse dienten, sondern zu Werkzeugen der Herrschaft und Unterdrückung wurden.

Das Kapital, das Detailarbeiter beschäftigt, verliert Intelligenz in der Produktion, die in diesem Kapital konzentriert ist. Die moderne Industrie vervollständigt diese Teilung, indem sie die Wissenschaft in den Dienst des Kapitals stellt und es in eine von der Arbeit getrennte Produktivkraft verwandelt. Es gibt starke Eigentumsrechte, die die Menschen dazu ermutigen, neue Technologien zu entwickeln. Den Forschern stehen überschüssige Ressourcen zur Verfügung, mit denen die Entwicklung solcher Technologien finanziert werden kann. Dies impliziert oft, dass es eine ausreichende Anzahl wohlhabender Personen oder Organisationen mit stetigen Einnahmen und der Fähigkeit geben muss, in sie zu investieren, in der Regel über Gesellschaften mit beschränkter Haftung.

Während der industriellen Revolution waren Unternehmen für die Herstellung von Waren und Dienstleistungen verantwortlich, um die Verbrauchernachfrage zu befriedigen. Sie stellten Mitarbeiter ein, kümmerten sich um Ressourcen und teilten ihre Arbeit in spezialisierte Jobs auf. Eine der wichtigsten Methoden, mit denen kommerzielle Unternehmen das soziale Wohlergehen, die wirtschaftliche Effizienz und die menschliche Entwicklung förderten, war die Produktion. Eine Schlüsselkomponente von Handelsunternehmen, die Produktion, Umsatz und Produktivität steigerte, war beispielsweise das Fabriksystem.

Die Unternehmen mussten sich mit konkurrierenden Unternehmen um Kunden, Gewinne und Marktanteile auf wettbewerbsintensiven Märkten auseinandersetzen. Sie mussten sich von der Konkurrenz abheben, Premium-Waren zu erschwinglichen Kosten anbieten und sich an den sich ändernden Verbrauchergeschmack anpassen. Für Unternehmen war die Förderung des Wettbewerbs von entscheidender Bedeutung, um Kreativität, Produktivität und Vielfalt zu fördern. Eine der Hauptaufgaben von

Wirtschaftsunternehmen, die Unternehmertum, Risikobereitschaft und Chancenorientierung förderten, bestand beispielsweise darin, das System des freien Marktes aufrechtzuerhalten.

Die Notwendigkeit für Unternehmen, ihre Abläufe, Dienstleistungen und Produkte zu erneuern und zu verbessern, trieb sie während der industriellen Revolution voran. Sie tätigten Investitionen in Forschung und Entwicklung, machten sich neue Technologien zu eigen und erschlossen neue Märkte. Technologischer Fortschritt, sozialer Fortschritt und Wirtschaftswachstum hingen alle von Innovationen ab. Eine bedeutende Erfindung beispielsweise, die es ermöglichte, Menschen und Dinge während der ersten industriellen Revolution schneller und kostengünstiger zu transportieren, war die Dampfmaschine.

Regierungen und andere Behörden erlegten auch viele Gesetze für Unternehmen auf, die sich auf ihre Arbeitsweise auswirkten. Sie mussten sich an Vorschriften zu Handelspolitik, Steuern, Arbeitsrechten, Verbraucherschutz und Umwelt halten. Für Wirtschaftsunternehmen spielt Regulierung eine entscheidende Rolle, um Gerechtigkeit, Gleichheit, Nachhaltigkeit und Sicherheit zu gewährleisten. Zum Beispiel war das Rechtssystem, das Richtlinien für Eigentumsrechte, Verträge und Streitbeilegung festlegte, für Unternehmensorganisationen von entscheidender Bedeutung.

Die industrielle Revolution hob den Lebensstandard, senkte die Kosten und erweiterte die Möglichkeiten für Verbraucher und Geschäftsinhaber, indem sie die Produktion, Effizienz und den Erfindungsreichtum der Wirtschaft steigerte. Die industrielle Revolution brachte nicht nur neue Formen der Mobilität, Identität und sozialen Organisation hervor, sondern stellte auch die etablierten Normen, Werte und Hierarchien der vorindustriellen Gesellschaft auf den Prüfstand. Die industrielle Revolution förderte neue Denkweisen, Fragen und Argumentationen, die alle zum Wachstum von Demokratie, individueller Freiheit und Menschenrechten beitrugen. Die Auswirkungen der industriellen Revolution auf Arbeit und Kapital sind komplex und umstritten, je nach Standpunkt, Kontext und Maßstäben, nach denen sie bewertet werden. Es ist keine einfache oder eindeutige Transformation.

Die Auswirkungen der industriellen Revolution auf Arbeit und Kapital sind kompliziert und umstritten; Sie variiert je nach Standpunkt, Situation und den Maßstäben, die zu ihrer Bewertung herangezogen werden. Die Vielfalt und Komplexität der historischen und gesellschaftlichen Prozesse, die die industrielle Revolution mit sich brachte, sowie ihre Vor- und Nachteile sollten berücksichtigt werden. Angesichts der aktuellen Chancen und Herausforderungen der vierten industriellen Revolution, die sich auf digitale Technologien, künstliche Intelligenz und das Internet der Dinge konzentriert, ist es wichtig, die Lehren und Implikationen zu berücksichtigen, die die industrielle Revolution für die Gegenwart und Zukunft hat.

Die Gewinnmaximierung zielt darauf ab, den wirtschaftlichen Wert des Unternehmens für seine Eigentümer zu maximieren. Es basiert auf der Idee, dass die Aktionäre das Unternehmen besitzen und Anspruch auf eine gerechte Belohnung für ihr Kapital haben. In einer wettbewerbsorientierten Marktwirtschaft könnte die Maximierung von Gewinnen als logischer und effektiver Ansatz für die Ressourcenallokation und die Schaffung von Wohlstand angesehen werden. Gewinnmaximierung kann sich jedoch auch nachteilig auf die Gesellschaft auswirken, wenn sie unmoralische oder nicht nachhaltige Verhaltensweisen wie die Misshandlung von Mitarbeitern, die Verletzung von Kunden, die Zerstörung der Umwelt oder die Steuerhinterziehung fördert. Die Fabrikbesitzer wurden wohlhabend, während viele Arbeiter in zunehmender Armut lebten und lange Stunden unter schwierigen und manchmal gefährlichen Bedingungen schufteten.

Auf der anderen Seite berücksichtigt das Stakeholder-Engagement die Interessen anderer Parteien als der Aktionäre, die von der Geschäftstätigkeit des Unternehmens betroffen sein oder Auswirkungen darauf haben können. Bei diesen Parteien kann es sich um Arbeitnehmer, Kunden, Verkäufer, Gläubiger, lokale Regierungen, Nichtregierungsorganisationen usw. handeln. In einer komplexen und vernetzten Welt kann die Einbeziehung von Stakeholdern als moralisch gerechtes Mittel angesehen werden, um ein Gleichgewicht zwischen sozialen und wirtschaftlichen Zielen herzustellen und einen Mehrwert für eine Vielzahl von Stakeholdern zu schaffen. Die Einbeziehung von Stakeholdern kann jedoch bestimmte Schwierigkeiten mit sich bringen, wie z. B. die Bestimmung der Identitäten, Anforderungen und Erwartungen der relevanten Stakeholder sowie den Umgang mit Interessenkonflikten oder Kompromissen, die auftreten können.

Die Kreislaufwirtschaft, die darauf abzielt, Abfall und Umweltverschmutzung durch die Wiederverwendung oder das Recycling von Materialien zu reduzieren, der grüne Kapitalismus, der darauf abzielt, ökologische Nachhaltigkeit in die Geschäftsstrategie zu integrieren, das soziale Unternehmertum, das darauf abzielt, durch kreative Lösungen sozialen Wert zu schaffen, und andere alternative Ideen schlagen neue Perspektiven oder Regelungen für Geschäftstätigkeiten in Verbindung mit der Gesellschaft vor. Diese Ideen können neue Möglichkeiten bieten, um die wirtschaftliche Lebensfähigkeit zu erhalten und gleichzeitig einen positiven sozialen Wandel herbeizuführen.

Das weltweite Produktionssystem wurde durch die vierte industrielle Revolution revolutioniert. Mit Hilfe verschiedener aufkommender Kommunikations-, Informations- und Intelligenztechnologien verändert sich der Komplexitätsgrad in Produktionssystemen von der Ersten Industriellen Revolution zur Vierten Industriellen Revolution. Dieser Wandel beschränkt sich nicht nur auf Produkte und Dienstleistungen und ermöglicht eine immer höhere Produktionseffizienz. Komplexe und integrierte Architektur sowie die Integration von Fertigungs- und Informationstechnologie sind Kennzeichen von Industrie 4.0-Technologien.

Die Stakeholder-Theorie der Wirtschaft, in der Unternehmen die Interessen zahlreicher Parteien fördern, die für ihre Geschäftstätigkeit unerlässlich sind, wie Finanziers, Lieferanten, Mitarbeiter, Kunden und die Gesellschaft, ist praktischer und entspricht dem, was die Gesellschaft von der Wirtschaft erwartet. Das Stakeholder-Konto des Unternehmens ist hilfreicher bei der Vorbereitung auf diese Zukunft, da es sich mit den Umständen befasst, die erfüllt sein müssen, damit das Unternehmen funktioniert und Wohlstand und Chancen für eine Vielzahl von Stakeholdern schafft, nicht nur für ein Prozent der Elite.

Die industrielle Revolution brachte bedeutende gesellschaftliche Veränderungen mit sich, darunter die Expansion der Mittelschicht, die Schaffung von Industrien und die Urbanisierung. Trotz einiger Schwierigkeiten auf dem Weg dorthin gelang es der Gesellschaft, sich anzupassen und schließlich in der neuen Umgebung zu gedeihen. Ähnlich wie bei der vorangegangenen industriellen Revolution wird die Vierte Revolution große gesellschaftliche Veränderungen mit sich bringen, wie z. B. das Aufkommen intelligenter Maschinen und das Potenzial für eine

Massenverdrängung von Arbeitsplätzen, die derzeit von Menschen ausgeübt werden. Aber es ist wichtig, sich daran zu erinnern, dass sich die Gesellschaft in der Vergangenheit als widerstandsfähig und anpassungsfähig erwiesen hat, so dass es Hoffnung gibt, dass sie die Herausforderungen dieses neuen Jahrhunderts meistern kann.

Unternehmen in der industriellen Revolution können davon profitieren, indem sie moralisch handeln und bereit sind, auf vielfältige Weise moralisch zu handeln, einschließlich Erhöhung der Glaubwürdigkeit und des Vertrauens: Unternehmen können ihren Ruf und ihr Image bei Verbrauchern, Mitarbeitern, Investoren, Aufsichtsbehörden und der Öffentlichkeit verbessern, indem sie moralisch und ethisch handeln. Dies kann ihre Loyalität, ihren Ruf und ihre Zuverlässigkeit steigern. Unternehmen, die moralische Prinzipien hochhalten, können ihren Output und ihre Leistung verbessern, indem sie ein Umfeld fördern, in dem Exzellenz, Kreativität, Verantwortlichkeit und Teamarbeit geschätzt werden. Neben der Durchführung von Pre- und Post-Mortems für Initiativen mit ethischen Komponenten und der Förderung von Freiwilligenarbeit und ethischem Mentoring können sie psychologische Sicherheit kultivieren, wenn kleine Fehler gemacht werden. Diese Verfahren können Qualität, Motivation, Innovation und Mitarbeiterbeteiligung verbessern. Es kann auch ihre Risiken und Kosten senken, indem es Streitigkeiten mit dem Gesetz, Strafen, Bußgelder, Rechtsstreitigkeiten, Boykotte, Demonstrationen oder Skandale vermeidet. Darüber hinaus können sie nachteilige Auswirkungen auf die Interessen oder das Wohlergehen ihrer Stakeholder verhindern.

Viele Geschäftsfälle sind regelmäßig aufgetreten, wenn der Zusammenbruch des Unternehmens durch illegale Taktiken verursacht wurde. Es stellte sich heraus, dass das Unternehmen große Verluste und Verbindlichkeiten verschwiegen hatte, während es Millionen von Dollar an seine Führungskräfte zahlte. Tausende Mitarbeiter wurden ohne Vorwarnung entlassen. Zahlreiche Führungspersönlichkeiten wurden für schuldig befunden. Es könnte Talente und Kunden anziehen, die die gleichen Dinge schätzen wie sie oder die nach sozial bewussten Unternehmen suchen, mit denen sie zusammenarbeiten oder Geschäfte machen können. Zu den weiteren Vorteilen ethischer Geschäftspraktiken gehört es, kluge Mitarbeiter anzulocken und zu halten, die bereit sind, auf eine höhere Vergütung zu verzichten, um für ein Unternehmen zu arbeiten, das soziale Verantwortung schätzt. Etwa vierzig Prozent der Millennials geben an, dass sie den Beruf wechseln würden, um für ein Unternehmen zu arbeiten, das Nachhaltigkeit in den Vordergrund stellt. Materielle und intellektuelle Entscheidungen zu treffen, erfordert deren Kommunikation mit den Stakeholdern und ist ein wesentlicher Bestandteil des moralischen Handelns in der Wirtschaft.

Die ökologischen Auswirkungen

Eine der größten Umweltauswirkungen der industriellen Revolution war die Anzahl der Schadstoffe, die sie in die Umwelt freisetzte. In der frühen Entwicklung finden sich reichlich Material- und Energiequellen, das sind in der Regel natürliche Ressourcen, fossile Brennstoffe, insbesondere Kohle in der ersten industriellen Revolution. Allerdings wurden die durch die kohlebetriebene Dampfmaschine verursachten Fabrikemissionen in die Atmosphäre freigesetzt. Die Wasserstraßen wurden durch unsachgemäße industrielle Praktiken mit Öl und Schutt verschmutzt, was zu katastrophalen Ereignissen führte. Die Überfüllung der Städte führte zu ungesunden Lebensbedingungen und Schmutz auf den Straßen. Die Menge an Kohlendioxid, die in die Erdatmosphäre freigesetzt wurde, stieg zu Beginn der industriellen Revolution stetig an und steigt seitdem kontinuierlich an. Mit zunehmender Industrialisierung setzte die Nachfrage nach fossilen Brennstoffen einen Aufwärtstrend bei den schädlichen menschlichen Emissionen in Gang.

Die Auswirkungen dieser Emissionen wurden in der Anfangsphase der industriellen Revolution nicht sofort erkannt. Viele Anzeichen dafür, dass die Industrialisierung die Erde verschlechterte, gab es erst Jahrzehnte nach der Zweiten Industriellen Revolution. Der Abbau der Ozonschicht, des natürlichen Schutzes der Erde vor schädlichem ultraviolettem Licht, wurde in den 1980er Jahren von Wissenschaftlern erkannt. Die Luftverschmutzung verursachte dicke Smogdecken, die von Fabriken verursacht wurden, um Industriestädte zu bedecken. Dies stellte Gesundheitsrisiken wie Atemwegserkrankungen für die Anwohner dar und schädigte die Tierwelt.

Natürliche Ressourcen liefern wichtige Rohstoffe und andere Güter und sind eine wichtige Einkommens- und Beschäftigungsquelle. Sie unterstützen auch die Bereitstellung von Ökosystemdienstleistungen, die für die Entwicklung des Human- und Sozialkapitals erforderlich sind. Eine der wichtigsten natürlichen Ressourcen für die Industrialisierung war die Kohle. Andere Mittel zum Heizen von Häusern stellen Eisen her, und Kraftwerke wurden schnell ersetzt, als der kommerzielle Kohlebergbau im frühen 19. Jahrhundert in Schwung kam. Holz wurde früher zum Heizen von Häusern und zum Betrieb von wasserbetriebenen Fabriken verwendet, und Holzkohle wurde zur Herstellung von Eisen verwendet. Mit der Expansion des Kohlebergbaus wurden diese Ressourcen durch Kohle ersetzt.

Die Dampfmaschine leistete einen wichtigen Beitrag zur industriellen Revolution. Der schottische Erfinder James Watt machte sich daran, ein früheres Modell der Dampfmaschine zu verbessern, das von Thomas Newcomen in den 1700er Jahren entwickelt wurde. Sie machte die Dampfmaschine effizient genug, um Fabriken mit Strom versorgen zu können. Kohle wurde zur Herstellung von Eisen für Dampfmaschinen verwendet und trug auch dazu bei, diese anzutreiben. Mit der fortschreitenden Industrialisierung stieg auch der Bedarf an Kohle.

Im späten 19. und frühen 20. Jahrhundert kamen Erdöl und Erdgas hinzu. Die erste Ölquelle in den Vereinigten Staaten wurde 1859 in Pennsylvania gebohrt. Dies führte zum Kohlezeitalter, und die Unternehmer versuchten, in diesem Geschäft Fuß zu fassen. Später wurden Vorschriften zur Kontrolle der Gewinnung natürlicher Ressourcen erlassen, um die nicht erneuerbaren Ressourcen der Erde zu erhalten. Die Erschöpfung der natürlichen Ressourcen führte zur Zerstörung von Land und Lebensräumen von Wildtieren, wodurch die Artenvielfalt abnahm. Es hat auch dazu geführt, dass einige nicht erneuerbare Energien eine kürzere Erschöpfungszeit haben, von denen einige voraussichtlich bis 2100 erschöpft sein werden.

Die gestiegene Nachfrage nach Kohle und anderen natürlichen Ressourcen führte zur Ausbeutung und Erschöpfung dieser nicht erneuerbaren Ressourcen. Es trug auch zu einer großen Luftverschmutzung bei, da es in Fabriken und Haushalten in Industriestädten verwendet wurde. Unsachgemäße Bergbaupraktiken führten auch dazu, dass giftige Schadstoffe in die Gewässer gelangten. Damit begann ein Trend der Verschwendung und des übermäßigen Konsums, der sich jahrzehntelang auf die Umwelt auswirken sollte.

Als die Menschen begannen, durch das ganze Land zu reisen und sich in neuen Gebieten niederzulassen, wirkten sich die menschlichen Aktivitäten in diesen veränderten Gebieten auf das Land und die Lebensräume der Tierwelt aus. Während die meisten Gebiete vor dem 19. Jahrhundert unberührt blieben, führte die Industrialisierung zu einer zunehmenden Urbanisierung. Städte, Nachbarschaften und Vororte bildeten sich schnell, als die Bevölkerung schnell zunahm. Die menschliche Entwicklung führt direkt und indirekt zur Verschlechterung und Zerstörung von Lebensräumen. Einige Tierbestände gingen aufgrund der exzessiven Bejagung deutlich zurück. Andere Populationen gingen aufgrund von Umweltverschmutzung und Lebensraumverlust zurück.

Die industrielle Revolution wird aus gutem Grund als Revolution bezeichnet, weil sie die Gesellschaft in vielerlei Hinsicht vorangebracht und ein schnelles Wirtschaftswachstum geschaffen hat. Durch den Übergang zu einer fertigungsbasierten Wirtschaft führte die industrielle Revolution zu enormen Fortschritten in Bezug auf Produktions- und Effizienzsteigerungen, fortschrittliche Transportsysteme und führte schließlich sogar zu Verbesserungen der Arbeits- und Lebensbedingungen. Diese Fortschritte haben jedoch ihren Preis: Die industrielle Revolution markiert auch den Beginn unserer intensiven Nutzung fossiler Brennstoffe, der treibenden Kraft des Klimawandels.

Ökologische Auswirkungen		Geringer Stromverbrauch	Mittlere Leistung	Hohe Leistung
	Hohe Zinsen		• Energienutzung • Erneuerbare Energie • Energieeffizienz	• Ressourcennutzung • Sauberere und sicherere Energie
	Mittlere Interessen	• Verschmutzung • Luftemission • Abwasser • Feste Abfälle	• Gefahrgut • Wassernutzung • Elektronikschrott • Nutzung erneuerbarer Ressourcen	• Klimaveränderung • Zirkularität • Netto-Null
	Niedrige Zinsen	• Landnutzung & Biodiversität • Ende des Lebenszyklus • Ozonabbau	• Produktverantwortung • Produktlebenszyklus	
		Geringer Stromverbrauch	Mittlere Leistung	Hohe Leistung
		Natur- und Industriekapital		

Die ESG-Themen Natur- und Produktionskapital, Energie, ökologische Auswirkungen, Interesse der wichtigsten Stakeholder.

Sowohl Natur- als auch Industriekapital haben ein hohes Interesse der wichtigsten Interessengruppen an den ökologischen Auswirkungen, da sie das Funktionieren und die Nachhaltigkeit des Erdsystems beeinflussen. Daher ist es wichtig, sie so zu bewirtschaften, dass ihr wirtschaftlicher Wert mit ihrem ökologischen Wert in Einklang gebracht wird. Dies kann in den Großstädten der Großmächte durch die Einführung von Praktiken wie der Kreislaufwirtschaft, die darauf abzielt, Abfall zu reduzieren und Ressourcen wiederzuverwenden, der Energiewende zu nachhaltigen erneuerbaren Energiequellen mit der Dekarbonisierung und Elektrifizierung aller Sektoren in der vierten industriellen Revolution erreicht werden. Auch mit der Anpassung an den Klimawandel, der Eindämmung und der Netto-Null-Agenda, die darauf abzielt, den Umweltschutz und die soziale Inklusion weltweit zu verändern und ein Gleichgewicht zwischen der Menge an Treibhausgasen, die in die Atmosphäre emittiert werden, und der Menge, die entfernt wird, zu erreichen. Die Integration von Klimawandel und Industrie 4.0 könnte zahlreiche Vorteile in Bezug auf die Förderung der Nachhaltigkeit und der globalen wirtschaftlichen Dekarbonisierung sowie die Erreichung der Ziele des Pariser Abkommens bieten.

Die vierte industrielle Revolution hat einen wesentlichen Beitrag zur ökologischen Nachhaltigkeit geleistet und bietet eine Vielzahl von Vorteilen und Perspektiven. Unternehmen können mithilfe von IoT-Geräten (Internet of Things) und Sensoren enorme Daten sammeln und eingehende Analysen durchführen, um erhebliche Ressourceneinsparungen zu ermitteln. Die Echtzeitüberwachung, Automatisierung und Steuerung industrieller Prozesse wird durch digitale Technologie ermöglicht, was zu einer erheblichen Reduzierung des Energieverbrauchs, einer optimierten Ressourcennutzung und einer geringeren Materialverschwendung führt. Geräteausfälle können durch den Einsatz intelligenter Sensoren und vorausschauender Wartung, die auf Datenanalysen basieren, vermieden werden, wodurch der CO2-Fußabdruck der Industrie reduziert wird. Insgesamt bieten die Prinzipien von IR 4.0 einen ermutigenden Weg für Organisationen, die ihre Umweltleistung und Nachhaltigkeit verbessern möchten, ohne die Rentabilität oder die Kontinuität des Unternehmens zu gefährden.

Von der Wiege bis zur Bahre bis über die Zirkularität hinaus

Die Erde entstand vor etwa 4,6 Milliarden Jahren, und der moderne Mensch existiert seit etwa 300.000 Jahren. In der Geschichte der Menschheit war der größte Teil des Territoriums des Planeten von Wildnis bedeckt, mit Wäldern, Grasland und Sträuchern, die die Landschaften dominierten. Dies hat sich in den letzten Jahrhunderten erheblich geändert, wobei die kombinierte Industrialisierung und Urbanisierung auf der anthropogenen Masse aller von der Menschheit verwendeten Materialien die Gesamtmasse aller lebenden Organismen auf der Erde übersteigt und bei etwa 1,12 Billionen Tonnen liegt.

Heute verbraucht die Menschheit jedes Jahr mehr als 100 Milliarden Tonnen Materialien an Biomasse, Metallerzen, fossilen Brennstoffen und nichtmetallischen Mineralien für Konsumgüter, Lebensmittel, Dienstleistungen, Gesundheitswesen, Transport, Kommunikation und Wohnen. Biomasseressourcen sind mit landwirtschaftlichen Produktionstätigkeiten verbunden, fossile Brennstoffe mit Kraftstoffgewinnungssektoren. Metalle und nichtmetallische Mineralien sind mit dem Einsatz von Bergbauprodukten in den verarbeitenden Sektoren, einschließlich der Metallverarbeitung und des Bauwesens, verbunden. Der Ausstoß von Treibhausgasen ist mit der Materialwirtschaft und anderen wirtschaftlichen Aktivitäten verbunden. Mit der Gewinnung und Verarbeitung aller vom Menschen benötigten materiellen Ressourcen ist ein breiteres Spektrum von Lebenszyklusauswirkungen verbunden. Seit 1970 hat sich der Ressourcenverbrauch der Weltwirtschaft vervierfacht und damit die Bevölkerung, die sich verdoppelt hat, bei weitem übertroffen. Der Mensch hat über Jahrtausende die natürlichen Ressourcen ausgebeutet und ein Drittel der Wälder zerstört. Ein Drittel der Materialien wirtschaftlicher Aktivitäten wird als Abfall behandelt, der meist auf Deponien und auf Abraumhalden landet. Nur etwa 8 bis 9 % befinden sich in der Zirkularität.

Die industrielle Revolution, die den Materialverbrauch vorantreibt, hat eine Reihe von Umweltfolgen. Zu diesen Auswirkungen gehören der Klimawandel; die korrosive Wirkung von Schadstoffen auf Boden, Wasser, Ökosysteme und Gebäude; Auswirkungen von Nährstoffen auf die Boden- und Wasserqualität, die sich auf die Ökosysteme und das Trinkwasser auswirken; Auswirkungen toxischer Substanzen auf aquatische

Süßwasserökosysteme; Auswirkungen toxischer Substanzen auf die menschliche Gesundheit, entweder durch Einatmen oder über die Nahrungskette; Landfläche, die zur Gewinnung der Ressource verwendet wird; Gesamtenergieverbrauch entlang der Produktionskette; Auswirkungen des troposphärischen Ozons durch Luftschadstoffe, manchmal sichtbar als Smog und Auswirkungen toxischer Substanzen auf terrestrische Ökosysteme. Es wird erwartet, dass die Umweltauswirkungen der Materialgewinnung, -verarbeitung und -abfälle zusammen mit einem wachsenden Materialverbrauch die Ressourcenbasis der industriellen Revolution weiter belasten und das zukünftige Wohlergehen gefährden werden.

Während der ersten industriellen Revolution sind Produktivität und Rentabilität die Hauptinteressen der wichtigsten Akteure. In der Zweiten Industriellen Revolution verändern die Gesellschaftsstruktur und wichtige Anspruchsgruppen die Nachfrage nach qualifizierten Arbeitskräften, effizienten Maschinen, Massenproduktion und Kosteneffizienz. Die dritte industrielle Revolution, weiter mit der Forderung der wichtigsten Interessengruppen nach Qualität und Ertrag mit kontinuierlichen Verbesserungen, Sicherheits-, Gesundheits- und Sozialpraktiken, verantwortungsvollem Wirtschaften und Ethikkodex, Umweltmanagement und Vermeidung von Umweltverschmutzung. Der Megatrend IR 4.0 setzt sich fort, wobei sich die neue Generation wichtiger Stakeholder auf Kreislaufwirtschaft, Maßnahmen gegen erneuerbare Energien, Klimawandel und Netto-Null-Agenda konzentriert.

Eine Kreislaufwirtschaft ist ein systemischer Entwicklungsansatz, der Unternehmen, der Gesellschaft und der Umwelt zugute kommt. Im Gegensatz zum linearen Modell "Take-Make-Waste" ist eine Zirkularität von vornherein regenerativ und zielt darauf ab, das Wachstum schrittweise vom Verbrauch endlicher Ressourcen zu entkoppeln. Um diesen Herausforderungen zu begegnen, müssen wir jede sich bietende Chance nutzen. Wenn wir darüber nachdenken, wie wir unsere Umweltbelastung reduzieren können, dürfen wir nicht nur an Produkte denken, die auf ihrer Verwendung basieren, sondern müssen sie in eine größere Perspektive stellen, die ich gerne als "von der Wiege bis zur Bahre" bezeichne. Wir können einen wichtigen Schritt in Richtung des sogenannten "Cradle-to-Cradle"-Ansatzes machen.

Eine Kreislaufwirtschaft könnte uns helfen, unsere Materialversorgung besser zu kontrollieren und unsere Umweltbelastung und die Produktionskosten drastisch zu reduzieren. Das wahre Wertpotenzial einer Kreislaufwirtschaft kann nur genutzt werden, wenn Unternehmen eine neue Geschäftsperspektive einnehmen und den gesamten Lebenszyklus entlang der Wertschöpfungskette optimieren. Alles in allem hat die Kreislaufwirtschaft nachgewiesene Vorteile für Unternehmen und die Umwelt. Sie ist der Schlüssel zu einer grünen und nachhaltigen Weltwirtschaft und bietet gleichzeitig innovative neue Wertpools, die es zu erschließen gilt.

Der Begriff "Cradle to Grave" bezieht sich im geschäftlichen Sinne auf die Art der ökologischen Prägung, die ein Produkt oder eine Aktivität von seiner Entstehung bis zu seiner End-of-Life-Phase der Entsorgung haben würde. Einfach ausgedrückt: Sobald Sie sich entschieden haben, eine Ressource zu nehmen oder etwas herzustellen, liegt es in Ihrer Verantwortung, darüber nachzudenken, welche Folgeabfälle oder Umweltverschmutzung übrig bleiben und wie sie am besten gehandhabt werden. Cradle to Cradle bedeutet, dass alles eine Ressource für etwas anderes ist. In der Natur wird der "Abfall" eines Systems zu Nahrung für ein anderes. Alles kann so konzipiert werden, dass es zerlegt und sicher als biologischer Nährstoff in den Boden zurückgeführt oder als hochwertiges Material für neue Produkte als technische Nährstoffe ohne Kontamination wiederverwendet werden kann.

Eine Kreislaufwirtschaft ist regenerativ, vermeidet die Nutzung nicht erneuerbarer Ressourcen und bewahrt oder verbessert erneuerbare Ressourcen, z. B. durch die Rückführung wertvoller Nährstoffe in den Boden, um die Regeneration zu unterstützen, oder durch die Nutzung erneuerbarer Energien, anstatt sich auf fossile Brennstoffe zu verlassen. Indem wir unsere Wirtschaft von linear zu zirkulär verlagern, verlagern wir den Fokus von der Extraktion auf die Regeneration. Anstatt die Natur kontinuierlich zu degradieren, bauen wir Naturkapital auf. Wir wenden landwirtschaftliche Praktiken an, die es der Natur ermöglichen, Böden wieder aufzubauen, die Artenvielfalt zu erhöhen und biologische Materialien in die Erde zurückzuführen. Derzeit gehen die meisten dieser Materialien nach der Nutzung verloren und das Land, auf dem sie angebaut werden, ist an Nährstoffen erschöpft. Wenn wir zu einem regenerativen Modell übergehen, beginnen wir, natürliche Systeme nachzuahmen. In der Natur gibt es keinen

Abfall. Wenn ein Blatt von einem Baum fällt, ernährt es den Wald. Seit Milliarden von Jahren regenerieren sich natürliche Systeme. Abfall ist eine Erfindung des Menschen.

Obwohl der Mensch nur 0,01 Prozent des gesamten Lebens auf der Erde ausmacht, hat er ein Drittel der Ressourcen des Planeten verbraucht und fast zwei Drittel davon durch Raubbau zerstört, was zum Aussterben der Hälfte aller Pflanzen und 83 Prozent aller wilden Säugetiere geführt hat. Es wird prognostiziert, dass der ökologische Fußabdruck der Weltwirtschaft bis 2030 das Äquivalent von zwei Erden erfordern wird, um uns mit natürlichen Ressourcen für den Konsum zu versorgen und unsere Abfälle zu entsorgen. Neunzig Prozent des weltweiten Verlusts an biologischer Vielfalt, die Auswirkungen von Wasserstress und die Hälfte aller Treibhausgasemissionen (THG), abgesehen von denen, die mit der Landnutzung verbunden sind, werden durch die Gewinnung und Verarbeitung von Ressourcen verursacht. Wir können den Weg des Take-Make-Waste-Ressourcenverbrauchsmodells einfach nicht weitergehen. Wenn wir unsere Verpflichtungen als wichtige Interessengruppen als Verbraucher, Produzenten, politische Entscheidungsträger und Bürger wahrnehmen, müssen wir die Dynamik der Kreislaufwirtschaft als Katalysator für Veränderungen nutzen.

Viele der Entwicklungsländer funktionieren gut innerhalb der ökologischen Grenzen unseres Planeten, aber ohne die sozialen Grundbedürfnisse zu befriedigen. Die meisten entwickelten und hochindustrialisierten Länder erfüllen gesellschaftliche Bedürfnisse, tun dies jedoch, indem sie über die nachhaltigen Mittel des Planeten hinausschießen. Die Verringerung der Lücke in der Kreislaufwirtschaft trägt zu dem wichtigeren Ziel bei, die künftige Umweltzerstörung und soziale Ungerechtigkeit zu stoppen. Das ultimative Ziel ist es, ein humanes, sicheres und sozial gerechtes Umfeld für alle Menschen zu schaffen, wobei die Nationen eine entscheidende Rolle spielen müssen.

Die Zunahme des Materialverbrauchs in Verbindung mit den Umweltfolgen der Materialgewinnung, -verarbeitung und -verschwendung wird wahrscheinlich den Druck auf die Ressourcenbasis unserer Volkswirtschaften erhöhen und zukünftige Wohlstandsgewinne gefährden. Die globale industrielle Zivilisation könnte in den kommenden Jahrzehnten aufgrund einer nicht nachhaltigen Ressourcenausbeutung zusammenbrechen. Obwohl man argumentieren könnte, dass die fünfte oder nächste industrielle Revolution noch nicht wirklich begonnen hat, steht sie noch ganz am Anfang und ist derzeit eher eine Vision als eine Realität. Die Idee einer brandneuen, verantwortungsbewussten Konsumgesellschaft wird auf einer völlig neuen Methode der Kreislaufwirtschaft aufbauen. Im Wesentlichen war das Ziel der ersten vier industriellen Revolutionen, Güter schneller und kostengünstiger zu produzieren. Das Ziel der bevorstehenden industriellen Revolution sollte es sein, ein intelligentes, hochintelligentes, hochgradig sensibles und betätigendes, abfallfreies Industriesystem zu schaffen, indem die Kreislaufwirtschaft natürliche Prozesse modelliert und Materialien als Nährstoffe betrachtet, die zirkuliert und regeneriert werden können, anstatt sie abzubauen, um das menschliche Vergnügen und den Wohlstand in Symbiose mit der Umwelt zu steigern.

Saubere und sichere Energiewende

Der Welt fehlt es derzeit an einer groß angelegten Energieinfrastruktur, die sicher, kohlenstoffarm und erschwinglich ist. Solange wir keine solche Energieinfrastruktur aufbauen, wird die Welt weiterhin mit zwei Energieproblemen konfrontiert sein: Hunderte Millionen Menschen haben keinen Zugang zu ausreichender Energie, und die Dominanz fossiler Brennstoffe in unserem Energiesystem trägt zum Klimawandel und anderen gesundheitlichen Auswirkungen wie Luftverschmutzung bei. Um sicherzustellen, dass alle Menschen Zugang zu sauberer und sicherer Energie haben, müssen wir zunächst den aktuellen Energieverbrauch und seine Auswirkungen verstehen sowie verstehen, wie er sich im Laufe der Zeit verändert hat.

Vor der industriellen Revolution im 18. Jahrhundert war die Energienutzung auf Muskel- und Biomassequellen beschränkt. Den Großteil der Arbeit leisteten Tiere und Menschen, wobei Biomasse, meist Brennholz, als primäre Energiequelle zum Kochen und Wärmen diente. Obwohl es andere Energiequellen wie Wasser- und Windmühlen gab, war ihr Gesamtbeitrag auf bestimmte Verwendungszwecke wie das Mahlen von Mehl beschränkt. Der erstaunliche Aufstieg der Kohle fiel mit der Ersten Industriellen Revolution zusammen, die im 18. Jahrhundert durch den Einsatz von Dampfkraft und die Mechanisierung der Produktion begann. Etwa die Hälfte der weltweiten Energie um die Wende zum 20. Jahrhundert stammte aus Biomasse, die andere Hälfte aus Kohle.

Der Globus begann in den 1900er Jahren, eine größere Vielfalt an Quellen zu verwenden. Erdöl, Gas und dann Wasserkraft. Die Einbeziehung der Kernenergie erfolgte erst in den 1960er Jahren. Solar- und Windenergie, die häufig als "moderne erneuerbare Energien" bezeichnet werden, kamen deutlich später, in den 1980er Jahren, hinzu. Diese 200-jährige Geschichte des globalen Energieverbrauchs zeigt, wie langsam Energiewende in der Vergangenheit vonstatten gegangen ist. Es hat mehrere Jahrzehnte, wenn nicht sogar ein Jahrhundert gedauert, bis eine Energiequelle die anderen überholt hat. Veränderungen bei den Energiequellen hängen mit wirtschaftlichen und technologischen Fortschritten zusammen. Das ist zwar historisch korrekt, aber es gibt Anzeichen dafür, dass sich dies allmählich ändert. In jüngster Zeit haben sich die Energieveränderungen gelegentlich rasch vollzogen.

Das 21. Jahrhundert wird von bedeutenden Veränderungen bei den Energiequellen geprägt sein, wobei effizientere fossile Brennstoffe wie Erdgas nach und nach weniger effiziente fossile Brennstoffe durch Dekarbonisierung ersetzen werden, einschließlich Kohle und Öl. Die technologischen Entwicklungen in der Biotechnologie verdeutlichen das zunehmende Potenzial von Kraftstoffen aus Biomasse, aber auch Energiequellen wie Wind- und Solarenergie werden eine wichtige Rolle spielen. Obwohl die Kernenergie immer noch theoretisch ist, könnte sie wichtig sein, vor allem, wenn sich die Kernfusion zu einem rentablen wirtschaftlichen Unterfangen entwickelt. Die Verwendung von Wasserstoff wird wahrscheinlich eine neue Verschiebung sein, vor allem für Brennstoffzellen, die tragbare Elektronik, winzige Energiegeneratoren und Autos antreiben.

Energie war in den letzten Jahrtausenden von entscheidender Bedeutung für die menschliche Entwicklung und ist der Schlüssel zu praktisch allen wichtigen Herausforderungen und Chancen, mit denen der Globus heute konfrontiert ist. Energie bietet zwar viele Vorteile, ist aber auch nicht ohne Nachteile. Die Energieerzeugung kann die menschliche Gesundheit und die Umwelt schädigen, da jedes Jahr Millionen von Menschen vorzeitig an den Folgen der Luftverschmutzung sterben. und Unfälle beim Abbau und der Gewinnung von Brennstoffen – Kohle, Uran, seltene Metalle, Öl und Gas. Dazu gehören auch Unfälle beim Transport von Rohstoffen und Infrastruktur, beim Bau des Kraftwerks oder bei deren Wartung sowie die Hauptquelle von Treibhausgasen, dem Haupttreiber des Klimawandels. Im Jahr 2020 stammten 91 % der weltweiten CO_2-Emissionen aus fossilen Brennstoffen und der Industrie.

Fossile Brennstoffe und Biomasse töten pro Stromeinheit weit mehr Menschen als Atomkraft und erneuerbare Energien. Am schmutzigsten ist mit Abstand die Kohle. Unsere Vorstellungen von nuklearer Sicherheit wurden stark von zwei Unfällen beeinflusst: Tschernobyl in der Ukraine im Jahr 1986 und Fukushima in Japan im Jahr 2011. Das waren tragische Ereignisse. Im Vergleich zu den Millionen, die jedes Jahr an den Folgen fossiler Brennstoffe sterben, war die Zahl der Todesopfer jedoch recht bescheiden. Die Wasserkraft ist eine weitere Quelle, die durch einige große Pannen stark beeinflusst wurde. Seit 1965 liegt die Sterblichkeitsrate bei 1,3 Todesfällen pro TWh. Diese Rate wird fast ausschließlich von einem Ereignis dominiert: dem Banqiao-Staudammbruch 1975 in China. Er tötete fast

171.000 Menschen. Ansonsten war die Wasserkraft extrem sicher, mit einer Sterberate von nur 0,04 Todesfällen pro TWh, was der von Atom-, Solar- und Windenergie entsprach. Schließlich gibt es noch Sonne und Wind. Beide Todesursachen haben eine niedrige, aber nicht gar keine Sterblichkeitsrate. Eine winzige Anzahl von Menschen kommt bei Pannen in der Lieferkette ums Leben, darunter Hubschrauberabstürze mit Turbinen, Brände bei der Installation von Turbinen oder Modulen und Ertrinken bei Offshore-Windprojekten. Kernenergie verursacht 99,9 % weniger Todesfälle als Braunkohle, 99,8 % weniger Todesfälle als Kohle, 99,7 % weniger Todesfälle als Öl und 97,6 % weniger Todesfälle als Gas. Wind und Sonne sind gleichermaßen sicher.

Jede Energiequelle hat einen negativen Einfluss, und keine Energiequelle ist völlig sicher. Sie alle haben kurzfristige Auswirkungen auf die menschliche Gesundheit, sei es durch Luftverschmutzung oder Unfälle. Und sie alle haben langfristige Folgen, weil sie zum Klimawandel beitragen. Sie unterscheiden sich jedoch radikal in ihrer Größenordnung: Wie wir sehen werden, sind fossile Brennstoffe die schmutzigsten und tödlichsten, während die Kernenergie und die derzeitigen erneuerbaren Energiequellen weitaus sicherer und sauberer sind. Es kommt weniger darauf an, ob wir auf Kernenergie oder erneuerbare Energien umsteigen, sondern vielmehr darauf, dass wir aufhören, uns auf fossile Brennstoffe zu verlassen, sowohl im Hinblick auf die menschliche Gesundheit als auch auf den Klimawandel.

Auf internationaler Ebene würde China erheblich von einer Beschleunigung der Energiewende profitieren, nicht nur, weil sie dem Land helfen würde, sein kritisches Problem der Luftverschmutzung anzugehen, sondern auch, weil es die Wettbewerbsfähigkeit seiner Branche für erneuerbare Energien im Ausland steigern und seine strategische Position unter den Wettbewerbern stärken würde. Die EU als bedeutender Importeur fossiler Brennstoffe und als entschiedener Befürworter des Übergangs zu einer kohlenstoffarmen Wirtschaft im Rahmen ihrer Industriestrategie würde von der Beschleunigung des Übergangs profitieren, und zwar sowohl im Hinblick auf geringere Einfuhren als auch auf eine höhere Wettbewerbsfähigkeit auf den internationalen Märkten.

Die sichersten Energiequellen sind auch die saubersten. Nochmals: Kohle ist der schmutzigste Brennstoff. Sie stößt hundertmal mehr Treibhausgase aus als andere Quellen, einschließlich Kernkraft, Sonne und

Wind. Öl und Gas sind auch deutlich schlechter als Atomkraft und erneuerbare Energien, aber weniger als Kohle. Leider dominieren fossile Brennstoffe nach wie vor den weltweiten Strommix: Kohle, Öl und Gas machen über 60 % der Gesamtmenge aus. Wenn wir den Klimawandel vermeiden wollen, haben wir eine große Chance: Wir können von fossilen Brennstoffen auf Kernenergie und erneuerbare Energien umsteigen und gleichzeitig die Sterblichkeit durch Unfälle und Luftverschmutzung als Nebenprodukt reduzieren. Dieser Wandel wird nicht nur zukünftige Generationen bewahren, sondern auch der heutigen Generation erhebliche gesundheitliche Vorteile bringen.

Anpassung an den Klimawandel und Eindämmung des Klimawandels

Nach Angaben des Weltklimarats (IPCC) steigen die globalen Emissionen vor allem aufgrund einer zunehmenden menschlichen Aktivität. Das bedeutet, dass der Mensch die Hauptschuld an der globalen Erwärmung und dem anhaltenden Anstieg der Emissionen trägt, was auch bedeutet, dass es am Menschen liegt, diesen Anstieg einzudämmen, bevor die globalen Oberflächentemperaturen ein gefährliches Niveau überschreiten. Die internationale Gemeinschaft bleibt weit hinter den Pariser Zielen zurück und es fehlt ein glaubwürdiger Weg auf 1,5 °C, so die Forderungen der Klimakrise nach einer schnellen Transformation der Gesellschaften, da die Auswirkungen des Klimawandels weltweit zunehmend zu spüren sind. Eine Klimakatastrophe lässt sich nur durch einen raschen Systemwandel verhindern.

Der Klimawandel ist ohne Zweifel auch eine Frage von Klasse, Macht und Privilegien. Gesellschaftliche Reaktionen auf den Klimawandel werden von vielen Faktoren beeinflusst, wie z.B. Werten, Überzeugungen, Identitäten, Emotionen, Normen, Kulturen, Politik, Medien usw. Die soziale Schicht ist einer dieser Faktoren, da sie beeinflusst, wie Menschen die Ursachen und Folgen des Klimawandels wahrnehmen, erleben und darauf reagieren. Die Ursprünge des Klimawandels lassen sich auf die historischen und aktuellen Muster von Ungleichheit und Ausbeutung zurückführen, die das globale wirtschaftliche und politische System geprägt haben. Die reichsten Industrienationen und die mächtigsten Länder und Gruppen haben am meisten zu den Treibhausgasemissionen beigetragen, während die ärmsten und am stärksten marginalisierten Länder am wenigsten beigetragen haben. Die vorherrschenden Klasseninteressen haben auch die Umsetzung wirksamer und fairer Lösungen für die Klimakrise verhindert oder behindert.

Laut einem neuen Oxfam-Bericht, der 2023 veröffentlicht wurde, produzierten die reichsten 1 % der Weltbevölkerung im Jahr 2019 so viel Kohlenstoffverschmutzung wie die fünf Milliarden Menschen, die die ärmsten zwei Drittel der Menschheit ausmachten. Der Bericht "Climate Equality: A Planet for the 99%" wertet die Konsumemissionen verschiedener Einkommensgruppen im Jahr 2019 aus. Wenn jemand aus den unteren 99

Prozent jedes Jahr die gleiche Menge an Kohlenstoff produzieren würde wie die reichsten Milliardäre, bräuchte er etwa 1.500 Jahre.

Klimakollaps und Ungleichheit sind untrennbar miteinander verbunden. Die Folgen des Klimawandels sind nicht gleichmäßig über den Planeten oder innerhalb der Kulturen verteilt. Extreme Wetterereignisse, Gesundheitsprobleme, Ernährungsunsicherheit, Wasserknappheit, Vertreibung, Konflikte und andere Auswirkungen des Klimawandels sind den ärmsten und verletzlichsten Menschen und Gebieten stärker ausgesetzt und empfindlicher. Diese Folgen haben das Potenzial, die derzeitigen Ungleichheiten zu verschärfen und neue Formen von Armut und Ausgrenzung zu schaffen. Oxfam hat aus erster Hand miterlebt, wie die ungleichen Auswirkungen des Klimawandels für Menschen, die in Armut leben, Frauen und Mädchen, indigene Gemeinschaften und Nationen im globalen Süden stärker zu spüren sind. Der Studie zufolge fordern Überschwemmungen das Leben von siebenmal so vielen Menschen in ungleicheren Nationen. Die Ungleichheit, die bereits zwischen und innerhalb von Nationen besteht, wird durch den Klimawandel immer größer. Die Regierungen werden von Oxfam gedrängt, das Wohlergehen der Menschen und der Erde über endlosen Profit, Ausbeutung und Konsum zu stellen. Verzichten Sie darauf, das BIP-Wachstum als Maßstab für die menschliche Entwicklung zu verwenden.

Reaktionen auf den Klimawandel können Möglichkeiten oder Herausforderungen für verschiedene soziale Schichten schaffen. Auf der einen Seite kann der Übergang zu einer kohlenstoffarmen und klimaresistenten Zivilisation wirtschaftliche, ökologische und gesellschaftliche Vorteile mit sich bringen, wie z. B. die Schaffung neuer Arbeitsplätze, Märkte, Technologien, Lebensstile, Werte und so weiter. Auf der anderen Seite kann die Verschiebung mit Kosten, Kompromissen, Konflikten und Widerständen verbunden sein, da bestimmte Gruppen durch den Prozess Privilegien, Interessen oder Identitäten verlieren können.

Diese vielen Sichtweisen können beeinflussen, wie Individuen individuell oder kollektiv auf den Klimawandel reagieren. Manche Menschen fühlen sich zum Beispiel besorgter, verantwortlicher oder befähigt, etwas gegen den Klimawandel zu unternehmen, während andere sich skeptischer, desinteressierter oder ohnmächtiger fühlen. Einige Menschen unterstützen oder schließen sich Bewegungen an, die ehrgeizigere und gerechtere Klimaschutzmaßnahmen fordern, wie Fridays for Future oder das Bündnis für

Klimagerechtigkeit, während andere, wie Zweifler des Klimawandels oder die fossile Brennstoffindustrie, solche Initiativen ablehnen oder ablehnen. Da sich "traditionelle" und "ökologische" Verteilungskonflikte aufgrund der Materialität des Klimawandels grundlegend unterscheiden, ist die Lösung noch lange nicht absehbar.

Daher ist es von entscheidender Bedeutung, die Rolle der sozioökonomischen Klasse im Kontext des Klimawandels anzuerkennen und anzugehen, da dies schwerwiegende Folgen für die Wirksamkeit, Legitimität und Gleichheit von Klimaschutzmaßnahmen haben kann. Es ist auch wichtig, die Kommunikation und Zusammenarbeit zwischen verschiedenen sozialen Klassen und Gruppen zu fördern, um sicherzustellen, dass Klimaschutzmaßnahmen inklusiv, partizipativ und respektvoll gegenüber der Vielfalt der Perspektiven und Forderungen sind.

Netto-Null-Herausforderungen

Der Begriff Netto-Null wurde erstmals 1992 auf der Konferenz der Vereinten Nationen über Umwelt und Entwicklung (UNCED) in Rio de Janeiro in den Klimaverhandlungen verwendet, als er als Instrument zur Quantifizierung der Fortschritte der Länder bei der Erreichung eines nachhaltigen Entwicklungsziels vorgestellt wurde. Seitdem taucht der Begriff Netto-Null in vielen internationalen Verträgen auf, darunter das Kyoto-Protokoll (1997), das Pariser Abkommen (2015) und die britische Netto-Null-Strategie (2021).

Unternehmen und Verbraucher, die ihr Verhalten an den globalen Bemühungen zur Verhinderung des Klimawandels ausrichten wollen, nutzen ebenfalls Netto-Null. Viele Unternehmen haben Netto-Null-Ziele für ihre Abläufe, Lieferketten und Waren festgelegt, wobei einige versprechen, bis 2050 oder früher Netto-Null zu erreichen. In ähnlicher Weise entscheiden sich immer mehr Verbraucher für kohlenstoffarme Produkte und Dienstleistungen wie erneuerbare Energien, Elektroautos und Kreislaufwirtschaftsmodelle.

Die Netto-Null-Agenda ist für die Nachhaltigkeitsagenda von entscheidender Bedeutung, da sie ein Gleichgewicht zwischen der Menge an Treibhausgasen, die in die Atmosphäre emittiert werden, und der Menge, die entfernt wird, entweder durch die Reduzierung von Emissionen oder durch die Verbesserung natürlicher Kohlenstoffsenken erreicht. Das bedeutet, dass Netto-Null dazu beitragen kann, die globale Erwärmung durch Treibhausgase zu begrenzen, die die Haupttreiber des Klimawandels und seiner Folgen für Ökosysteme, biologische Vielfalt, menschliche Gesundheit und Wohlbefinden sind.

Netto-Null-Ansätze haben das Potenzial, die schlimmsten Auswirkungen des Klimawandels wie extreme Wetterereignisse, den Anstieg des Meeresspiegels, Dürren, Überschwemmungen, Hitzewellen, Waldbrände und Krankheiten abzumildern. Es ist die Erhaltung der natürlichen Ressourcen und Ökosysteme, die das Leben auf der Erde unterstützen. Sie verbessert die Energieversorgungssicherheit und -diversifizierung, indem sie die Abhängigkeit von fossilen Brennstoffen verringert und den Zugang zu erneuerbaren Quellen erweitert. Es eröffnet neue Märkte und Beschäftigungsmöglichkeiten für kohlenstoffarme Produkte und Dienstleistungen und reduziert die Verschmutzung durch

Treibhausgasemissionen, um die Luftqualität und die öffentliche Gesundheit zu verbessern. Sie fördert soziale Gerechtigkeit und Fairness, indem sie sich mit den unverhältnismäßigen Auswirkungen des Klimawandels auf gefährdete Gruppen befasst.

Ein gutes Netto-Null-Ziel steht im Einklang mit der Klimawissenschaft und dem Ziel, die globale Erwärmung auf 1,5 Grad Celsius gegenüber dem vorindustriellen Niveau zu begrenzen. Es muss die Kriterien erfüllen, die alle wesentlichen Emissionsquellen entlang der gesamten Wertschöpfungskette des Unternehmens umfassen, wie z. B. direkte und indirekte Emissionen aus Betrieb, Produkten, Dienstleistungen und Lieferketten, gemäß den Science Based Netto-Null-Zielen. Sie sollte sich bis 2030 ehrgeizige kurzfristige Ziele setzen, die zu einem schnellen, starken Rückgang des Kohlenstoffausstoßes führen, der mit zuverlässigen Klimaszenarien vereinbar ist. Sie sollte langfristige Ziele für 2050 festlegen, die mit der Begrenzung der Erwärmung auf 1,5 °C vereinbar sind und eine Reduzierung der Emissionen um mehr als neunzig Prozent aus kurzfristigen Verpflichtungen erfordern. Bis 2050 sollen alle verbleibenden Emissionen neutralisiert sein, die nicht durch dauerhafte Kohlenstoffentfernung und -speicherung oder andere Mittel beseitigt werden können. Ein gutes Netto-Null-Ziel sollte auch mit der Strategie, der Vision, den Werten und den Erwartungen der Stakeholder des Unternehmens übereinstimmen. Sie sollte offen, überprüfbar und jährlich gemeldet werden. Darüber hinaus sollte sie regelmäßig überprüft und aktualisiert werden, um veränderten Bedingungen und neuen Erkenntnissen Rechnung zu tragen.

Um bis 2050 oder früher Netto-Null-Emissionen zu erreichen, müssen wir in den meisten Bereichen der Wirtschaft sofortige und aggressive Anstrengungen unternehmen. Die Festlegung expliziter Ziele und Strategien zur Minimierung von Treibhausgasemissionen auf nationaler, regionaler und lokaler Ebene sind einige der Aktivitäten, die helfen können. Investitionen in saubere Energietechnologien und -infrastrukturen, um die Nutzung erneuerbarer Energiequellen in den Bereichen Stromerzeugung, Heizung, Kühlung, Verkehr, Industrie, Gebäude, Land- und Forstwirtschaft sowie Abfallwirtschaft zu verbessern. Förderung von Kreislaufwirtschaftskonzepten, die den Abfallaufkommen reduzieren und gleichzeitig die Ressourceneffizienz in den Herstellungsprozessen erhöhen. Unterstützung von Innovation und Forschung in Bereichen wie Kohlenstoffabscheidung und -speicherung, Bioenergie mit Kohlenstoffabscheidung, Wasserstofferzeugung aus erneuerbaren Quellen, synthetische Kraftstoffe und Technologien für negative Emissionen. Verstärkte internationale Zusammenarbeit und Koordination, um die weltweiten Bemühungen auf Netto-Null-Ziele auszurichten.

Netto-Null ist nicht nur eine Verpflichtung; Es ist auch eine Chance, eine nachhaltigere und widerstandsfähigere Wirtschaft aufzubauen. Einigen Schätzungen zufolge würde der Übergang zu Netto-Null durchschnittlich 9,2 Billionen US-Dollar an jährlichen Investitionen in physische Vermögenswerte erfordern, das sind 3,5 Billionen US-Dollar mehr als derzeit ausgegeben werden. Auf der anderen Seite würden diese Ausgaben Millionen neuer Arbeitsplätze schaffen, das globale Wirtschaftswachstum erheblich ankurbeln und den weltweiten Zugang zu Strom und sauberem Kochen bis zum Ende des Jahrzehnts sicherstellen. Darüber hinaus würde der Übergang zu Netto-Null die Anhäufung physischer Klimarisiken minimieren und die Wahrscheinlichkeit verringern, die katastrophalsten Auswirkungen des Klimawandels auszulösen.

Die Industrieländer der Industrienationen haben eine historische Verantwortung und eine moralische Verpflichtung, mit gutem Beispiel voranzugehen und die Entwicklungsländer bei der Erreichung von Netto-Null zu unterstützen, da sie am meisten zur Anhäufung von Treibhausgasen in der Atmosphäre beigetragen haben und am meisten von der Nutzung fossiler Brennstoffe profitiert haben. Im Rahmen des Pariser Abkommens haben die Industrienationen außerdem versprochen, den Entwicklungsländern bis 2020 100 Milliarden US-Dollar zur Verfügung zu stellen, um sie bei der Anpassung an den Klimawandel zu unterstützen. Aber diese Verpflichtung wurde nicht vollständig erfüllt, und es sollte mehr Rechenschaftspflicht und Offenheit bei der Art und Weise geben, wie das Geld aufgebracht und ausgezahlt wird.

Während die Entwicklungsländer ihre eigene wirtschaftliche und soziale Entwicklung verfolgen dürfen, haben sie auch die Chance, den Übergang zu einer kohlenstoffarmen und klimaresistenten Zukunft zu beschleunigen, indem sie saubere Technologien und Praktiken einsetzen, die ihre Wettbewerbsfähigkeit, Produktivität, ihr Wohlergehen und ihre Energiesicherheit verbessern können. Selbst angesichts zahlreicher Hindernisse und Einschränkungen haben die Entwicklungsländer bei der Festlegung von Netto-Null-Zielen und der Umsetzung der Klimapolitik Führungsstärke und Ehrgeiz bewiesen.

Aus marxistischer Perspektive kann das Netto-Null-Ziel als Spiegelbild der Widersprüche und Konflikte des kapitalistischen Systems betrachtet werden, die zur Klimakatastrophe und ihrer ungleichen Verteilung von Auswirkungen und Verantwortlichkeiten geführt haben. Die Netto-Null-Agenda kann auch als potenzielle Chance für die Arbeiterklasse angesehen werden, sich mit den Interessen und Machtstrukturen der herrschenden Klasse auseinanderzusetzen und demokratischere und gerechtere Klimalösungen zu fordern. Die Netto-Null-Agenda hingegen kann als mögliche Bedrohung für die Arbeiterklasse angesehen werden, da sie für einige Sektoren oder Regionen, die auf fossile Brennstoffe angewiesen sind oder über begrenzte Ressourcen oder Kapazitäten verfügen, hohe Kosten oder Kompromisse mit sich bringen kann. Die Netto-Null-Agenda kann auch als eine mögliche Vereinnahmung der Arbeiterklasse angesehen werden, da sie ihre Aufmerksamkeit und Energie von den Kernthemen des Klassenkampfes und der sozialen Revolution ablenken könnte.

Ob die Netto-Null-Agenda den konventionellen marxistischen Erwartungen entspricht oder nicht, hängt also davon ab, wie man marxistische Theorie und Praxis versteht und auf die gegenwärtige Situation und die Herausforderungen der Klimakatastrophe anwendet. Es gibt keine klare oder universelle Antwort auf dieses Thema, da verschiedene marxistische Wissenschaftler*innen und Aktivist*innen gegensätzliche Perspektiven und Argumente vertreten können.

Schließlich ist die Frage, ob wir CO_2-Positivität statt Netto-Null anstreben sollten, eine Frage von Werten, Prioritäten, Entscheidungen und Erwartungen. Es gibt keinen einheitlichen Ansatz für den Klimawandel. Wir müssen sowohl die technische Machbarkeit als auch die ethische Vertretbarkeit unserer Optionen bewerten. Um Verantwortung und Vertrauen zu gewährleisten, müssen wir auch klar und wahrheitsgemäß über unsere Ziele und Aktivitäten kommunizieren.

Netto-Null ist sowohl eine politische und soziale als auch eine wissenschaftliche Idee. Es symbolisiert die gemeinsame Verpflichtung der Menschheit, den Planeten und zukünftige Generationen nicht nur vor den Auswirkungen des Klimawandels zu schützen, sondern auch vor Luft-, Wasser-, Boden- und anderen Verschmutzungen sowie vor der Erschöpfung der natürlichen Ressourcen der Erde. Wir können unsere Vision einer nachhaltigeren Zukunft zum Ausdruck bringen und andere dazu inspirieren, sich uns auf diesem Weg anzuschließen, indem wir den Begriff "Netto-Null" verwenden. Um die Weltwirtschaft und -gesellschaft auf kohlenstoffarme Pfade umzustellen, müssen Regierungen, Unternehmen und Einzelpersonen zusammenarbeiten. Es bietet auch Potenzial für Innovation, Wachstum und Resilienz in einer Vielzahl von Branchen und Orten. Das Erreichen von Netto-Null ist nicht nur eine Notwendigkeit, sondern auch eine Chance, eine nachhaltigere Zukunft für uns und zukünftige Generationen zu schaffen. Wir können einen positiven Einfluss auf unseren Planeten haben, indem wir uns zusammenschließen, um diese gemeinsame Vision zu verwirklichen.

Die sozialen Auswirkungen

Die industrielle Revolution hatte einen enormen und lang anhaltenden gesellschaftlichen Einfluss. Zu den wesentlichen Auswirkungen gehörten die Schaffung neuer Wirtschafts- und Beschäftigungsmöglichkeiten; Steigerung der menschlichen Arbeitsproduktivität und -effizienz, was zu einem höheren Lebensstandard und mehr Konsumgütern führt; und das Aufkommen künstlicher Zeit, die die natürlichen Rhythmen des landwirtschaftlichen Lebens ersetzte und viele Aspekte der modernen Gesellschaft beeinflusste.

Das Zeitalter der industriellen Revolution erforderte eine präzise Koordination von Arbeitern und Maschinen, was zur Einführung standardisierter Uhren und Zeitpläne führte, die die Art und Weise, wie Menschen Zeit messen, Zeit verstehen und Zeit fühlen und darüber sprechen, völlig veränderten. Der Kapitalismus in der industriellen Revolution etablierte Unternehmen, die Waren oder Dienstleistungen für den Markt produzierten, motiviert durch den Wunsch, Gewinne zu maximieren, was die Arbeiter produktiver machte und das Zeitmanagement von der natürlichen Zeit zur industriellen künstlichen Zeit neu erfand, wie Menschen das Verstreichen von Sekunden, Minuten, Stunden, Tagen, Wochen, Monaten und Jahren wahrnehmen.

Mit der Ausbreitung der Fabriken brachte die erste industrielle Revolution nicht nur neue Beschäftigungsmöglichkeiten und wirtschaftlichen Wohlstand mit sich, sondern hatte auch enorme Auswirkungen, indem sie einen Arbeitsplatz schuf, an dem die Menschen extreme Not ertragen mussten. Die erheblichen Nachteile reichen von Gesundheits- und Sicherheitsgefahren bis hin zu schmutzigen Lebensumständen für die Arbeiter und ihre Familien. Viele dieser Probleme blieben bestehen und verschlimmerten sich während der Zweiten Industriellen Revolution, die in den späten 1800er Jahren begann. Als die Städte während der industriellen Revolution expandierten, gab es nicht genug Wohnungen, um all die zusätzliche Bevölkerung unterzubringen, die in elenden Innenstadtvierteln zusammengepfercht wurde, während wohlhabendere Bewohner in die Vororte flohen. Die Arbeiter und ihre Familien waren Infektionskrankheiten wie Cholera ausgesetzt, da es an sauberem Wasser mangelte und die Dachrinnen mit Abwässern aus Kellergruben überliefen.

Arbeiter, die vom Land in die Städte zogen, mussten sich auf einen völlig anderen Lebensrhythmus einstellen, mit wenig persönlicher Autonomie. Sie mussten erscheinen, wenn die Fabrikpfeife ertönte, oder sie riskierten, ausgesperrt zu werden, ihren Lohn zu verlieren und vielleicht mit einer Geldstrafe belegt zu werden. Ihre Tage bestanden oft aus sich wiederholenden Aufgaben, einem stressigen und unbefriedigenden Lebensstil. Ohne angemessene Sicherheitsvorschriften könnten Arbeitsplätze während der gesamten industriellen Revolution extrem gefährlich sein. Die Arbeiter waren immer in Gefahr, eine Hand in der Maschinerie zu verlieren. Auch die Bergwerke dieser Zeit erlebten schreckliche Katastrophen und lieferten die Kohle, die benötigt wurde, um dampfbetriebene Maschinen am Laufen zu halten.

Das schlimmste schädliche Ergebnis der industriellen Revolution war die systematische und kontinuierliche Ausbeutung von Kinderarbeit, deren Einsatz die industrielle Produktion katalysierte. Wegen des raschen Aufstiegs der Fabriken wurden arme Jugendliche und Waisen aus Armenhäusern geholt und in Mühlenschlafsälen untergebracht, wo sie lange arbeiteten und ihnen eine Ausbildung verweigert wurde. Kinder, die gezwungen wurden, gefährliche Erwachsenenberufe auszuüben, fanden in der Regel ein schreckliches Ende. Sie trug auch zur Entwicklung von Mustern der Ungleichheit zwischen den Geschlechtern am Arbeitsplatz bei. Diskriminierung und Stereotypisierung von Arbeiterinnen, bei denen Fabrikbesitzer Frauen häufig die Hälfte dessen bezahlten, was Männer für die gleiche Arbeit leisteten.

Die Ungleichheiten, die wir in der realen Welt sehen, marginalisieren immer die unteren Klassen, manchmal auf extreme Weise. Dies verschärft nur die Unsicherheit und den Stress, die mit einem unberechenbaren Arbeitsmarkt einhergehen. Da die Lebensbedingungen der Arbeiter während der industriellen Revolution, die schließlich den Aufstieg befeuerte, verabscheuungswürdig blieben, wurden in Großbritannien Gewerkschaften gegründet, um die Arbeiter vor unnötigen Gefahren wie dem Einsatz gefährlicher Maschinen, schlechten Arbeitsbedingungen und überlangen Arbeitszeiten zu schützen. Regierungen und Arbeitgeber stellten sich aggressiv gegen die Gewerkschaftsbewegung, aber in den 1850er Jahren waren die Gewerkschaften mächtig genug geworden, um einen besseren Schutz und Sozialverträge für ihre Mitglieder durchzusetzen. Dieser Gesellschaftsvertrag ist eine hypothetische Vereinbarung zwischen einer

Regierung, einem Unternehmen und dem Volk, die die Rechte und Pflichten jeder Partei definiert.

Die Ersetzung von Familie und Gemeinschaft durch Staat und Markt zerstörte den traditionellen Gesellschaftsvertrag von Verwandtschaft und gemeinschaftlichen Beziehungen. Die Menschen wanderten in die Städte ab, wo sie für ihr Wohlergehen und ihre Sicherheit auf unpersönliche Institutionen wie den Staat und den Markt angewiesen waren. Dies führte zur Entstehung neuer Gesellschaftsverträge und Ideologien wie Konsumismus, Nationalismus, Kapitalismus und Sozialismus.

Soziale Auswirkungen		Geringer Stromverbrauch	Mittlere Leistung	Hohe Leistung
	Hohe Zinsen		• Unterhaltung • Glück • Soziale Medien • Marketing & Branding	• Intelligenz & Talent • Handel und Reichtum • Marktplatz • Konsumerismus • Beschäftigung
	Mittlere Interessen	• Marketing & Etikettierung • MINT-Bildung • Kreislaufwirtschaft	• Rechte der Verbraucher • Einkommensungleichheit • Entwicklung des Humankapitals • Arbeitssicherheit und Gesundheitsschutz	• Digitalisierung • Kunde Beziehung • Industrie- und Fertigungskapazitäten
	Niedrige Zinsen	• Belästigung am Arbeitsplatz • Personalabbau • Klassenkonflikte	• Lernen & Bildung • Engagement der Mitarbeiter • Logistische Herausforderungen	
		Sozial- und Beziehungshauptstädte		

Die ESG-Themen Soziales und Beziehungskapital, Macht und soziale Auswirkungen, Interesse der wichtigsten Stakeholder.

Heute erwarten alle Mitarbeiter, Arbeiter und wichtigen Interessengruppen soziale Wohlfahrt, keine Diskriminierung, keine Kinderarbeit, Bildungs-, Lern- und Entwicklungsmöglichkeiten, einen ökologisch nachhaltigen, sicheren und gesunden Arbeitsplatz und einen großartigen Arbeitsplatz. Nichtsdestotrotz bleibt es eine globale Entwicklungsagenda, die von der ganzen Welt erreicht werden muss. Viele Länder, von den am weitesten entwickelten bis hin zu den Entwicklungsländern mit aktuellen Sozialverträgen, sind veraltet und gehen nicht auf die Probleme des 21. Jahrhunderts wie Bildung, technologische Revolutionen, Klimawandel und Ungleichheit ein.

Die Sozial- und Beziehungskapitale, die durch die industrielle Revolution auf dem sich verändernden Gesellschaftsvertrag etabliert wurden, strukturieren sich kontinuierlich, um die Interessen der wichtigsten Interessengruppen zu berücksichtigen, die sich auf die Gesellschaft selbst auswirken. Die Verbesserung der Lebensbedingungen ist unsere moralische Verpflichtung, aber sie ist auch ein Instrument, um die dringend benötigte Kreativität und Innovation zu fördern. Bessere Bildung und bessere Lebensbedingungen können künftigen Generationen helfen, ihr volles Potenzial auszuschöpfen. In der Vergangenheit haben wir gesehen, wie die Verbesserung der Umstände zu Innovationen führen kann, die sich dann in besseren Lebenssituationen niederschlagen. Die Impulse und Signale von Veränderungen, die jedem im täglichen Leben widerfahren, werden Verbindungen und Beziehungen haben, die sich auf die Gemeinschaften auswirken. Einige der bedeutenden Signale von Gemeinschaften werden sich in Mikrotrends in den Gesellschaften verwandeln, wie z. B. die Schaffung von Handel und Wohlstand, Beschäftigung, Konsum, Unterhaltung, soziale Medien und Marktmarkt. Die signifikanten Mikrotrends in den Gesellschaften werden die Makrotrends auf nationaler und internationaler Ebene weiter beeinflussen, wie z. B. den Aufbau von Industrie- und Fertigungskapazitäten, Intelligenz- und Talentmanagement, Digitalisierung, Kreislaufwirtschaft, Entwicklung des Humankapitals, Lernen und Bildung, Marketing und Branding sowie Kundenbeziehungen. Die bedeutenden gesellschaftlichen Mikrotrends werden die Welt auch für zukünftige Generationen mit einem Megatrend verändern, der sich auf die Zukunft der Menschheit auswirkt.

Die Schaffung von Markt und Konsum

Die industrielle Revolution hat viele erstaunliche Erfolgsgeschichten über die Schaffung von Märkten und die Bereitstellung neuer Produkte oder Dienstleistungen hervorgebracht, die unerfüllte oder ungenutzte Kundenanforderungen befriedigen und neues Interesse und Wert schaffen. Die Schaffung eines neuen Marktes ist nicht dasselbe wie die Etablierung eines neuen Produkts oder einer neuen Dienstleistung. Es muss eine vielfältige Gruppe von Verbrauchern, Partnern und anderen Interessengruppen davon überzeugt werden, die Welt in einem neuen Licht zu sehen. Es fördert Innovation und Unternehmertum, da die Markterzeuger Verbraucherprobleme entdecken und lösen und sich gleichzeitig von bestehenden Wettbewerbern abheben müssen. Sie erweitert die wirtschaftlichen Aussichten und Wahlmöglichkeiten der Verbraucher, da Market Maker neue Lösungen anbieten, die ihr Leben verbessern, ihre Wünsche erfüllen oder ihre Träume verwirklichen. Sie fördert den sozialen und ökologischen Fortschritt, indem sie es Marktinnovatoren ermöglicht, die Schwierigkeiten und Anforderungen vernachlässigter oder marginalisierter Teile der Gesellschaft anzugehen und nachhaltige Praktiken und Technologien zu nutzen. Im Gegenzug wurde die industrielle Revolution im Rest der Welt durch das Aufkommen von Markt und Konsum ermöglicht, die Systeme der Nachfrage und des Angebots von Waren und Dienstleistungen und des Wunsches nach immer mehr materiellen Besitztümern.

Die Herausforderungen der industriellen Revolution wie Bevölkerungswachstum, Migration und Urbanisierung sowie die Chancen einer erhöhten Nachfrage nach Produkten und Dienstleistungen sowie des Arbeits- und Konsumangebots. Die Menschen zogen vom Land in die Städte, wo sie in Fabriken und Minen arbeiteten und Geld verdienten, das sie für eine Vielzahl von Waren ausgeben konnten. Die Menschen in den Städten waren auch neuen Trends, Lebensstilen und Werbespots ausgesetzt, die ihre Wünsche und Bestrebungen befeuerten. Die Ausweitung des Handels und des Handels innerhalb und zwischen den Ländern führte zur Schaffung eines weltweiten Marktes für Waren und Dienstleistungen. Möglich wurde dies durch Fortschritte im Transport- und Kommunikationswesen, wie z. B. Dampfschiffe, Eisenbahnen, Telegrafen und Zeitungen, die die Kosten und den Zeitaufwand für den Transport von Personen und Gütern senkten.

Während der industriellen Revolution ging die Herstellung materieller Güter über die Grundbedürfnisse der Verbraucher hinaus. Der Einfluss von Kultur und Ideologie auf die Werte und Einstellungen der Menschen zu Konsum und Materialismus. Der Konsum wird heute häufig als unsere Hauptaufgabe in der Welt angesehen. Natürlich haben die Menschen schon immer das Lebensnotwendige, Nahrung, Unterkunft und Kleidung konsumiert, und sie mussten immer arbeiten, um sie zu bekommen oder andere für sie arbeiten zu lassen, aber vor dem 20. Jahrhundert gab es kaum ein wirtschaftliches Motiv für einen erhöhten Konsum unter der Masse der Menschen. Der Konsumismus funktioniert, indem er seine Dynamik beibehält, indem er den normalen Menschen zu einem Verbraucher mit einem unstillbaren Durst nach mehr Zeug formt und eine Wirtschaftsstruktur schafft, die die Kunden dazu ermutigt, mehr zu kaufen, als sie brauchen. Dies geschieht durch Werbung, kulturellen Druck und andere Methoden, die die Idee verstärken, dass der Besitz eines bestimmten Artikels den Käufer glücklicher macht oder seinen Status erhöht.

Konsum ist ein positiver Kreislauf, in dem Produzenten neue Produkte oder Dienstleistungen entwickeln und verkaufen. Unternehmen konkurrieren miteinander, um in einem kapitalistischen Umfeld Verbraucher anzuziehen. Erfolgreiche Unternehmen neigen dazu, zu expandieren. Sie geben ihrem Humankapital die Ressourcen, die sie benötigen, um neue Wege und Angebote für den Markt zu erfinden, unabhängig davon, ob sie ihre Einnahmen in die Steigerung der Produktion oder in die Innovation neuer Produkte investieren. Die allgemeine wirtschaftliche Expansion ist das Ergebnis des Marktes, des Konsums, des Wettbewerbs, der Innovation und einer größeren Erwerbsbevölkerung. Sie ermöglicht es der Wirtschaft, sich zu entwickeln, indem sie mehr Arbeitsplätze schafft, die Löhne erhöht, die Ausgaben erhöht und den Marktwert des Bruttoinlandsprodukts (BIP) erhöht.

Der moderne Konsumismus entstand als Folge der industriellen Revolution, als die Produktionskapazität die materielle Nachfrage der Bevölkerung deutlich überstieg. Die Vermögensungleichheit ist jedoch immer noch die Wurzel der wirtschaftlichen Strukturen, wobei die ungleiche Verteilung des Reichtums im Wesentlichen die Differenz zwischen den Reichsten der Reichen und den Ärmsten der Armen ausmacht. Mit der Markt- und Konsumwirtschaft übertrafen die 1% Superreichen ihren erstaunlichen Griff nach der Hälfte des gesamten neuen Reichtums im letzten Jahrzehnt. Gleichzeitig leben heute mindestens 1,7 Milliarden Arbeitnehmer in Ländern, in denen die Inflation das Lohnwachstum übertroffen hat, und über 820 Millionen Menschen – fast jeder zehnte Mensch auf der Welt leidet Hunger.

Zu den Nachteilen der Marktschöpfung und des Konsumismus der industriellen Revolution gehört die Anziehung und Verstärkung der sozialen Schichtung von Klassenunterschieden. In einer Zeit, in der Ressourcen grenzenlos schienen, wurde die Fähigkeit, ressourcenintensivere Rohstoffe zu konsumieren, zu einem Statussymbol. Viele haben auch beobachtet, dass sich der Konsum auf die Umwelt auswirkt. Überproduktion ist verschwenderisch, erschöpft die natürlichen Ressourcen und schadet der Umwelt. Das Phänomen der Einwegprodukte und der geplanten Obsoleszenz ist besonders schädlich für Nachhaltigkeitsinitiativen. Es wird geschätzt, dass das reichste Prozent so viel Verschmutzung durch die Erwärmung des Planeten ausstößt wie zwei Drittel der Menschheit. Die CO_2-Emissionen des reichsten Prozents stiegen 2019 auf sechzehn Prozent der gesamten CO_2-Emissionen der Welt.

Der Markt- und Konsummechanismus hat den wirtschaftlichen Fortschritt befeuert und wird dies auch weiterhin tun. Viele Menschen glauben jedoch, dass die Schattenseiten der Umweltzerstörung und der sozioökonomischen Ungerechtigkeit die positiven Aspekte überwiegen. Nichtsdestotrotz ist der Konsum stark in unserer Kultur verankert. Der beste Weg nach vorn besteht darin, die Motoren des Fortschritts und des Wohlstands am Laufen zu halten und gleichzeitig die sozialen und ökologischen Schäden zu begrenzen, die durch ungezügelten Konsumismus verursacht werden.

Das innovative Unternehmertum

Unternehmertum ist keine neue Idee. Das Wort Unternehmer leitet sich höchstwahrscheinlich vom französischen Wort entreprendre ab, was so viel wie "beginnen" bedeutet. Unternehmertum begann mit dem Austausch von Produkten und Dienstleistungen mit anderen. Unternehmertum hat eine lange Geschichte, die bis in prähistorische Zeiten zurückreicht und sich über Tausende von Jahren allmählich entwickelt hat. Das Unternehmertum hat sich auf praktisch alle Facetten der Gesellschaft ausgewirkt, vom wirtschaftlichen Fortschritt bis hin zur Entwicklung neuer Technologien für moderne Verbraucher. Unternehmer wurden zur treibenden Kraft hinter der Innovation, die die erste und die folgenden industriellen Revolutionen einleitete. Die Zahl der berühmten Persönlichkeiten der industriellen Revolution, die bedeutende Beiträge in den Bereichen Wissenschaft, Technologie, Ingenieurwesen und Wirtschaft geleistet haben, beträgt nur einige hundert Unternehmer, Erfinder, Innovatoren, Staatsmänner, Führer und Aktivisten, die das Schicksal der industriellen Revolution geprägt haben.

Unternehmertum und Innovation sind entscheidende Bestandteile der industriellen Revolution, da sie die Entwicklung und Einführung neuer Technologien, Prozesse und Produkte vorantreiben. Die Industrie wird durch Innovation und Unternehmertum effizienter, wettbewerbsfähiger und lukrativer sowie durch die Lösung sozialer und ökologischer Herausforderungen.

Richard Arkwright baute 1769 die erste Baumwollspinnerei mit patentierter vollautomatischer Spinnmaschine; James Watt verbesserte die Dampfmaschine 1775 erheblich; Samuel Crompton erfand 1779 das Spinnmaultier; Richard Trevithick und George Stephenson waren 1803-1825 Pioniere der Dampflokomotive; Robert Fulton entwarf 1807 den ersten kommerziell erfolgreichen Raddampfer; Michael Faraday demonstrierte in den 1820er Jahren den ersten elektrischen Generator und Elektromotor; Samuel Morse, der 1836 ein Telegrafensystem entwarf; beflügelte die erste industrielle Revolution (1750-1850).

Étienne Lenoir erfand 1859 den ersten kommerziellen Verbrennungsmotor. Alexander Graham Bell demonstrierte das Telefon im Jahr 1876; Joseph Wilson Swan und Thomas Alva Edison erfanden 1879 unabhängig voneinander die Glühbirne; erste elektrische Eisenbahn, die

1879 von Werner von Siemens demonstriert wurde; Andrew Carnegie, der 1881 ein Stahlimperium aufbaute; Daimler und Karl Benz konstruierten 1885 das erste Motorrad und den ersten Motorwagen mit Verbrennungsmotor; Nikola Tesla erfand 1888 den Induktionselektromotor; Edward Weston patentierte 1888 einen Apparat zur Nutzung der Sonnenstrahlungsenergie; Rudolf Diesel konstruierte in den 1890er Jahren einen Verbrennungsmotor; Jesse Wilford Reno erfand 1891 die erste Rolltreppe und Charles Seeberger entwarf die moderne Rolltreppe im Jahr 1900 neu. Hubert Booth erfand 1901 einen kompakten Staubsauger; Willis Carrier erfand 1902 die Klimaanlage und George Claude das Neonlicht. Die Gebrüder Wright erfanden 1903 das erste gasmotorisierte und bemannte Flugzeug; Lewis Nixon erfand 1906 das erste sonarähnliche Gerät; Leo Baekeland erfand 1907 den ersten synthetischen Kunststoff namens Bakelit; Henry Ford enthüllte 1908 sein Modell T und 1913 ein groß angelegtes Fließband. Fritz Haber erfand 1908 das Haber-Verfahren zur Herstellung künstlicher Nitrate; Thomas Edison demonstrierte 1910, dass der erste sprechende Film die zweite industrielle Revolution (1870-1914) antreibt.

Edwin Howard Armstrong erfand 1918 die Superheterodyn-Radioschaltung; Sir Frederick Grant Banting erfand 1922 das Insulin; Vladimir Kosma Zworykin erfand 1923 das Kathodenröhrenfernsehen; Robert H. Goddard erfand 1926 Raketen mit flüssigem Treibstoff; JWA Morrison erfand 1927 die erste Quarzuhr und Philo Taylor Farnsworth erfand ein komplettes elektronisches TV-System. Alexander Fleming entdeckt 1928 das Penicillin; Vannevar Bush erfand 1930 den analogen Computer; Max Knott und Ernst Ruska erfanden 1931 gemeinsam das Elektronenmikroskop; Edwin Howard Armstrong erfand 1933 die Frequenzmodulation (UKW-Radio); Chester F. Carlson erfand 1937 den Fotokopierer; Igor Sikorsky erfand 1939 den ersten erfolgreichen Hubschrauber; Peter Goldmark erfand 1940 das moderne Farbfernsehsystem; Konrad Zuses Z3 erfand 1941 den ersten softwaregesteuerten Computer; John Atanasoff und Clifford Berry bauten 1942 den ersten elektronischen Digitalcomputer; Percy Spencer erfand 1946 den Mikrowellenherd und trieb den Übergang von der zweiten zur dritten industriellen Revolution (1915-1946) voran.

Bardeen, Brattain und Shockley erfanden den Transistor im Jahr 1947; Jonas Salk erfand 1955 den Polio-Impfstoff; IBM brachte 1956 das erste Computerfestplattenlaufwerk auf den Markt; Boeing 707-120, das erste erfolgreiche Verkehrsflugzeug im Jahr 1958; Wilson Greatbatch erfand den ersten Herzschrittmacher, der 1960 erfolgreich in einen Menschen implantiert wurde. 1961 bringt Black and Decker seinen ersten Akku-Bohrschrauber auf den Markt; Telstar startete 1962 den ersten Kommunikationssatelliten; Edward G. Vanderlip patentierte 1962 die erste Quadrocopter-Drohne; Ivan Sutherland entwickelte 1963 das Computergrafikprogramm Sketchpad; René Favaloro führte 1967 die erste koronare Bypass-Operation durch; James Powell und Gordon Danby patentierten 1967 Laithwaites Arbeit an der Magnetschwebebahn; Douglas Engelbart veranschaulichte 1968 den Einsatz der Integrierten Computersysteme; Arpanet mit vier Computern, die 1969 verbunden wurden; Corning produzierte 1970 eine Glasfaser, die Licht überträgt und für die Telekommunikation verwendet werden kann; Roger L. Easton patentierte 1974 das Global Positioning System; Broecker prognostizierte 1975 die globale Erwärmung; Der Cray-1, der erste kommerziell entwickelte Supercomputer, wird 1976 installiert; Steve Jobs erfand 1977 den Personal Computer, den ersten Satelliten des modernen Navstar Global Positioning System (GPS), das 1978 gestartet wurde. John Bannister Goodenough erfindet 1980 die Kobaltoxid-Kathode, eine entscheidende Komponente von Lithium-Ionen-Batterien. Gerd Binnig und Heinrich Rohrer entwickelten 1981 das Rastertunnelmikroskop (STM); Bill Gates gründete Microsoft im Jahr 1983; Chen Fangyun entwickelte 1983 primitive Beidou-Satellitennavigationssysteme; Alec Jeffreys entwickelte 1984 eine Methode zur Analyse der menschlichen DNA-Sequenz; Éric Thomas entwickelte 1986 die erste elektronische Mailingliste; Charles W. Hull patentierte 1986 d-Drucker; Ren Zhengfei gründete Huawei im Jahr 1987; Sir Tim Berners-Lee schuf 1989 die "Hypertext Markup Language" (HTML) zur Erstellung von Webseiten und den "Uniform Resource Locator" (URL). Linus Torvalds veröffentlichte 1991 ein Open-Source-Betriebssystem; IBM stellte 1992 den ersten Smartphone-Prototyp vor; Richard A. Norman, Patrick K. Campbell, Kelly E. Jones patentierte 1993 Kortexelektroden für Gehirnimplantate; Jensen Huang, Chris Malachowsky und Curtis Priem gründeten Nvidia im Jahr 1993; Jaap Haartsen erfand Bluetooth im Jahr 1994; Wang Chuanfu gründete BYD im Jahr 1995 und produzierte wiederaufladbare Nickel-Cadmium-Batterien (NiCd). Pony Ma, Zhang Zhidong, Xu Chenye, Charles Chen und Zeng Liqing gründeten Tencent im Jahr 1998; Jack Ma gründete 1999 das E-Commerce-Unternehmen Alibaba; Mark Zuckerberg gründete Facebook im Jahr 2004; Bor Z. Jang und Wen C. Huang patentierten 2006 nanoskalige Graphenplatten; Steve Jobs stellt 2007 das erste Smartphone von Apple vor; zuerst Chinas Mondorbiter Chang'e-1, Chinas Start im Jahr 2007; Sky Xu Anzeige Chris Xu gründete SHEIN Online-Fast-Fashion-Händler; der pseudonyme Satoshi Nakamoto brachte 2009 die erste populäre Kryptowährung Bitcoin auf den Markt; Apples digitaler Assistent Siri kommt 2010 auf den Markt und trieb die dritte industrielle Revolution (1947-heute) voran.

Der Rover Curiosity landete 2011 auf dem Mars; Googles Machine Learning Project berichtete 2012; Yutu, der erste chinesische Mondrover, landete 2013 während der Chang'e-3-Mission auf einem außerirdischen Körper; Alberto Broggi, Gary Schmiedel und Christopher K. Yakes patentierten 2012 ein Bildverarbeitungssystem für ein autonomes Fahrzeug; Dai Wei, Gründer von Ofo und Hu Weiwei; Davis Wang und Xia Yiping gründeten Mobike und initiierten 2015 Dockless Bike Sharing; Elon Musk baute 2015 wiederverwendbare Raketen; Li Bin gründete 2015 Nio, den schnellsten Elektro-Rennwagen der Welt; Zhang Yiming, Gründer von TikTok und Byte Dance, startete 2016; Elon Musks EV-Unternehmen hat 2017 mit der Entwicklung des Tesla Model 3 begonnen. Huawei hat Harmony OS im Jahr 2019 vorgestellt; Covid-19-Impfstoff mit mRNA-Technologie aus dem Jahr 2020; Malaria-Impfstoff Mosquirix aus dem Jahr 2021; BYD produzierte im Jahr 2022 eine Million Fahrzeuge mit neuer Energie und übertraf damit Tesla; gestalten die vierte industrielle Revolution (2011-Zukunft).

Die industrielle Revolution war eine kollektive und kumulative Errungenschaft menschlicher Kreativität und Intelligenz und ein vielschichtiges Phänomen mit zahlreichen Aspekten und Ursachen. Es gibt einfach viele Genies und talentierte Menschen, die zur industriellen Revolution beigetragen haben, und es gibt noch viele andere, die ebenfalls erwähnt werden könnten. Sie kann nicht allein auf das außergewöhnliche Talent und den Unternehmergeist einiger weniger zurückgeführt werden. Bestimmte Erfinder, Innovatoren und Unternehmer hingegen spielten eine entscheidende Rolle bei der Umgestaltung der Weltwirtschaft und - gesellschaft. Es ist auch die Bedeutung allgemeiner sozialer, politischer und kultureller Faktoren, die die industrielle Revolution ermöglicht und geprägt haben. Eine stabile und unterstützende Regierung, die Handel, Gewerbe und Innovation förderte; ein großer und expandierender nationaler und internationaler Markt, der eine Nachfrage nach Industriegütern geschaffen hat; ein reichliches Angebot an natürlichen Ressourcen, die für die industrielle Produktion benötigt werden; und eine Kultur der wissenschaftlichen Forschung und des Experimentierens, die Entdeckungen und Technologien förderte, waren alles Faktoren, die zum Erfolg der industriellen Revolution beitrugen. Die Gelegenheit begünstigt nur den vorbereiteten Geist.

Die Quelle von Intelligenz und Talent

Die älteste bekannte Höhlenmalerei ist eine Schablone mit roter Hand in der Maltravieso-Höhle in Cáceres, Spanien. Es wurde mit der Uran-Thorium-Methode auf älter als 64.000 Jahre datiert und von einem Neandertaler hergestellt. Ein Bild sagt mehr als tausend Worte. Alles begann mit einer Form der Kunst, und frühe Menschen waren in der Lage, Designs hervorzubringen, die darauf hindeuteten, dass sie relativ moderne Kognition und Verhalten besaßen.

Die früheste bekannte Zeichnung in der Geschichte sendet eine Botschaft über 73.000 Jahre, ein schraffiertes Design, das auf ein Felsfragment gezeichnet wurde, könnte Bände sprechen, kommt auf einer linsenförmigen Gesteinsflocke vor und wurde vom Archäologen Christopher Henshilwood und seinen Kollegen in der Blombos-Höhle an der Südküste Südafrikas gefunden. Die Entdeckung hat Wissenschaftler dazu gebracht, die Ursprünge der Kunst und der Menschheit zu überdenken. Der Mensch erstellt die ersten Daten mit der im Hinterkopf entwickelten Kognitionsfähigkeit und verwandelt sie durch seine körperlichen Fähigkeiten in die Form von Kunst. Die Zeichnung wird zur Erinnerung, zu einer Form von Zeichen und Bedeutung. Das Zeichen und die Bedeutung werden zur Sprache für die Kommunikation innerhalb der Gruppe von Menschen und entwickeln sich weiter zu einer komplexeren Gesellschaft, Kultur, Regeln, Wissen und Literatur. Von der Natur aus entdecken die Menschen das Lernen, die Beobachtung und die Erfahrung der Mathematik und der Wissenschaft.

Die Anzahl der talentierten Menschen auf dem Globus der industriellen Revolution kann davon abhängen, wie wir Fähigkeiten definieren und messen sowie wie wir die Beiträge verschiedener Individuen und Gruppen vergleichen und bewerten. Sie kann auch durch den Zeitraum und die geografische Breite der industriellen Revolution beeinflusst werden, da verschiedene Regionen und Länder unterschiedliche Grade und Geschwindigkeiten der Industrialisierung und Innovation erlebt haben können.

Die Fähigkeit, intellektuelle und praktische Handlungen mit äußerster Präzision auszuführen, hängt mit dem Talent zusammen. Genie durchdringt Talent und Intelligenz, aber es enthält auch eine bestimmte Zutat, die als Vorstellungskraft bekannt ist und den Träger dieser intellektuellen Begabung dazu veranlasst, tiefere, sich kreuzende Phasen im kognitiven Schaffensprozess zu untersuchen. Intelligenz, Talent, Motivation, Disziplin, Kreativität, Intuition und Vorstellungskraft tragen alle zum Genie bei. Das Aufkommen des Handels und die industrielle Revolution ermöglichten den Austausch von Erfahrungen zwischen talentierten und genialen Menschen, was ihre Kritikalität erhöhte und zu einem schnelleren intellektuellen Fortschritt führte, der an Überlebensanforderungen gebunden war.

Der IQ-Test ist ein Maß für Intelligenz und Kreativität. Nach dem IQ-Test ist ein Genie jemand, der im Test über 140 Punkte erreicht, was den besten 0,25 % der Bevölkerung entspricht. Genie ist nicht nur eine Frage des hohen IQ, sondern auch anderer Faktoren wie Motivation, Ausdauer, Neugier, Leidenschaft und Glück. Laut der Weltbevölkerungsuhr wird die Weltbevölkerung im Jahr 2023 auf 8.045.311.447 geschätzt. Daher würde die Anzahl der Genies auf der Welt, basierend auf dem IQ-Test, ungefähr 20.113.279 betragen. Dies sind die Quellen menschlicher Intelligenz und Talente, die für die industrielle Revolution benötigt werden.

Aber hier ist die Wendung, ein neuer Anwärter taucht auf. Die vierte industrielle Revolution ist bereits im Gange, und künstliche Intelligenz (KI) steht im Mittelpunkt ihrer Entwicklung und treibt die neuesten Technologien und IoT-Geräte (Internet of Things) an, die von Smartwatches bis hin zu intelligenten Kühlschränken, von selbstfahrenden Autos bis hin zu Heimassistenten, von Sicherheitssystemen bis hin zu einer Vielzahl von Sensoren reichen. Künstliche Intelligenz (KI) hat in den letzten Jahren erhebliche Fortschritte gemacht und eine Vielzahl von Unternehmen und Teilen unseres Lebens revolutioniert. Die Verbesserung der menschlichen Intelligenz ist ein Bereich, in dem sich KI als äußerst vielversprechend erwiesen hat.

Im Jahr 1950 stellte der Pionier der modernen Informatik, Alan Turing, eine entscheidende Frage: "Können Maschinen denken?" Turing reagierte auf eine wachsende Debatte über diese Themen mit einem bahnbrechenden Aufsatz, in dem er ein Gedankenexperiment beschrieb, das er das "Imitationsspiel" nannte. In dem Experiment stellt eine Person in einem isolierten Raum einem Mann und einer Frau in einem anderen Raum Fragen, erhält ihre Antworten schriftlich und versucht dann, das Geschlecht beider zu bestimmen. Wenn einer der Menschen, die Fragen beantworteten, durch eine Maschine ersetzt würde, die den Fragesteller mit menschenähnlichen

Antworten zum Narren hielt, so Turing, sei die Maschine "intelligent". Diese Frage beschäftigt viele mit dem Aufkommen einer leistungsstarken künstlichen Intelligenz, einer Deep-Learning-Maschine, die sich mit menschlichen Nutzern unterhalten und sie manchmal täuschen kann. Das Konzept, das als Turing-Test bekannt ist, hat heute wieder an Bedeutung gewonnen, da einige argumentieren, dass diese neue Generation von KI den Turing-Test besteht. In der Arbeit verglich Turing auch den menschlichen Verstand mit einer Maschine und schlug vor, dass Maschinen eines Tages in der Lage sein könnten, sich gegenseitig zu unterrichten. Obwohl es mit der Technologie seiner Zeit undenkbar war, ist das Konzept das Herzstück des modernen maschinellen Lernens und der künstlichen Intelligenz. In einem Interview aus dem Jahr 1951 sagte er: "Wenn eine Maschine denken kann, könnte sie intelligenter denken als wir. Und wo wären wir dann?"

Die Großhirnrinde im menschlichen Gehirn ist in der Lage, 125 Billionen Synapsen zu besitzen, die bis zu 2,5 Petabyte an Gesamtspeicherkapazität speichern können. Ein Transistor hat drei Zustände: Ein, Aus und Proportional, die von zwei Eingängen bestimmt werden. In einem Halbleiter-Speicherchip wird jedes Bit binärer Daten in einer winzigen Schaltung gespeichert, die als Speicherzelle bezeichnet wird und aus einem oder mehreren Transistoren besteht. Neuronen entsprechen mindestens 1.000 Transistoren, und die Architektur des Gehirns ist mindestens 1.000-mal effizienter als die von Turing und Von Neumann. Der menschliche Körper besteht aus 37,2 Billionen Zellen. Für die menschliche Evolution muss sich die Größe einer einzelnen Zelle jedoch nicht ändern. Damit Roboter vorankommen können, muss der Transistor oder die Roboterzelle so klein wie möglich sein. Die "Wafer Scale Engine 2" von Cerebras verfügte im Jahr 2020 über die meisten Transistoren mit 2,6 Billionen MOSFETs, die mit der 7-nm-FinFET-Technologie von TSMC hergestellt wurden. Transistoren sind heute 10.000 Mal kleiner als ein einzelnes menschliches Haar, was den unglaublichen Fortschritt seit 1945 beweist. Jeder Vergleich von Neuronen mit Transistoren zeigt, dass die Komplexität des Gehirns weit über das des Computers hinausgeht.

Das Neuron hat bis zu 40 dendritische Synapsen und einen Axonausgang, der eine Synapse mit einem von 40 Dendriten auf einem anderen Neuron hat. Es wird noch komplexer. Ein Nervenimpuls ist kein Gleichstrom. Es handelt sich um eine Reihe von Impulsen. Die Natrium- und Kaliumionen durchqueren die Membran und das Neuron feuert. Es gibt eine

Refraktärphase, in der sich die Na- und K-Ionen über die Membran zurückbewegen. Wenn sie das tun, kann das Neuron wieder feuern. Die Impulsrate des Neurons gibt Aufschluss über die Empfindung. Um eine Vorstellung zu geben: Der Ruhezustand des Gehirns beträgt etwa 10 kortikale Leistungsspektren (cps) und wird als EEG-Alphawellen bezeichnet. Das menschliche Gehirn ist ein erstaunlich energieeffizientes Gerät. Rechnerisch ausgedrückt kann es mit nur 20 Watt Leistung das Äquivalent eines Exaflops einer Trillion (1018) mathematischer Operationen pro Sekunde ausführen. Diese Unterschiede zeigen die potentielle Rechenleistung des Gehirns.

Es wird erwartet, dass das Aufkommen intelligenter Maschinen, die Biotechnologie, Nanotechnologie, künstliche Intelligenz, Robotik und das Internet der Dinge umfassen, einen tiefgreifenden technologischen Wandel auslösen wird, der unsere Lebens- und Arbeitsweise grundlegend verändern wird. Die Möglichkeit einer Massenverdrängung menschlicher Arbeitskräfte von ihren derzeitigen Arbeitsplätzen ist eine der Hauptauswirkungen dieses Übergangs, der die Art und Verfügbarkeit von Arbeit in unserer Gesellschaft drastisch verändern würde. Das Ziel der Wirtschaft im kommenden Smart Machine Age wird es sein, Geld und Arbeitsplätze auf eine Weise zu generieren, die den Interessen der Gesellschaft als Ganzes dient. Systeme der künstlichen Intelligenz werden das Fundament unserer Zukunft bilden. Das ist sie in vielerlei Hinsicht bereits. Wir alle sind uns heute bewusst, wie viel Potenzial KI in jedem Aspekt der menschlichen Gesellschaft revolutionieren muss. Die Quelle von Intelligenz und Talenten ist nach wie vor die wichtigste Kapitalkraft, um den ESG-Kodex zu beeinflussen. Im Kern geht es darum, Intelligenz für das Gute einzusetzen und das Gemeinwohl verantwortungsvoll zu fördern, und zweckorientierte Organisationen können mehr erreichen und mehr Menschen zugute kommen, indem sie das schnell wachsende Potenzial der Intelligenz richtig nutzen.

Die geopolitischen Auswirkungen

Geopolitische Überlegungen waren schon immer starke Treiber des technologischen Fortschritts. Das Streben nach Macht und Dominanz ist ein inhärenter und dauerhafter Bestandteil der menschlichen Natur. Die geopolitischen Folgen der industriellen Revolution waren tiefgreifend. Wirtschaftswachstum und gesellschaftlicher und geopolitischer Wandel sind untrennbar mit technologischen Revolutionen verbunden. Während der industriellen Revolution spielten die Industrialisierung und das Aufkommen der Wirtschaft einen entscheidenden Einfluss auf die Politik und führten zu verstärkten staatlichen Eingriffen in die Wirtschaft und die Außenbeziehungen.

Ostasien erlebte die industrielle Revolution später als andere Regionen. Vor 1800 wurde China von vielen als Land mit einem höheren industriellen Entwicklungsstand als Westeuropa angesehen. Nichtsdestotrotz überholten England und der Rest Westeuropas China schnell, da das Kolonialreich über reichlich Bodenschätze, Dampfkraft und billige Kohle verfügte. Die industrielle Revolution und der technologische Wandel hingegen prägten und beeinflussten auch die geopolitische Landschaft. Obwohl Europa nur etwa acht Prozent der weltweiten Landmasse ausmacht, haben die Europäer zwischen 1492 und 1914 mehr als achtzig Prozent der Erde erobert oder kolonisiert. Jahrhundertelang dominiert zu sein, hat in vielen ehemals kolonisierten Ländern zu anhaltender Ungleichheit und langfristigen Folgen geführt. Die Durchbrüche, die die industrielle Revolution vorantrieben, halfen der modernen Demokratie und legten den Grundstein für die Bildung moderner Nationen, des Kapitalismus und der Wirtschaft. Sie stellten die Zivilisation auf den Kopf, rissen alte Strukturen nieder und errichteten neue. Die führenden und fortgeschrittenen Nationen der Welt haben häufig am meisten in resilienzbasierte Initiativen investiert, die die Wahrscheinlichkeit erhöhen sollen, dass ihre Gesellschaften angesichts disruptiver Veränderungen erfolgreich sein können.

Der Aufstieg der Industrialisierung veränderte die Art der menschlichen Besiedlung, der Arbeit und des Familienlebens. Der Aufstieg der Vereinigten Staaten zur Weltmacht war eine der wichtigsten politischen Folgen der amerikanischen industriellen Revolution. Verbesserte Aussichten für den nationalen und internationalen Handel kurbelten die Wirtschaft an und veranlassten die Regierung, sich stärker in globale Angelegenheiten einzumischen. Industrialisierung und Globalisierung läuteten die Moderne in Europa, den Vereinigten Staaten von Amerika und dem größten Teil der übrigen Welt ein. Jedes Land kann offen für Industrialisierung und Entwicklung sein, und während das Vereinigte Königreich im 18. Jahrhundert ein früher Exporteur von neuem Wissen war, finden viele der bedeutendsten Durchbrüche heute in den Vereinigten Staaten, Japan, Korea, China, Indien, Deutschland und anderen prominenten europäischen Nationen statt. Dies hat die Möglichkeiten des Machbaren erhöht, aber auch die geopolitische Wahrnehmung der Menschen verändert.

Geopolitische Auswirkungen	**Hohe Zinsen**		• Internationaler Handel • Wirtschaftlicher Ausblick • Engagement für Führungskräfte	• Öffentliche Politik • Nationale Sicherheit • Technologie-Souveränität • Resilienz von Lieferketten
	Mittlere Interessen	• Bekämpfung von Bestechung und Korruption • Fälschungsschutz • Unternehmensführung • Geschäftsethik	• Einhaltung gesetzlicher Vorschriften • Steuerliche Ungleichheit • Partnerschaft & Zusammenarbeit • Exportkontrolle • Industriestandards	• Datensicherheit und Datenschutz • Rechte an geistigem Eigentum
	Niedrige Zinsen	• Menschenrechte • Fairen und offenen Handel fördern • Konkurrenzverhalten • Kultur & Werte	• Transparenz in der Buchhaltung • Arbeitsverhältnis • Risiken & Krisenmanagement	
		Geringer Stromverbrauch	Mittlere Leistung	Hohe Leistung
		Governance-Hauptstädte		

Die ESG-Themen Governance, Kapital, Macht und geopolitische Auswirkungen auf die Interessen der wichtigsten Stakeholder.

Die Welt navigiert durch das komplexe Netz der Geopolitik und sucht nach soliden Positionen für nachhaltigen Fortschritt in einer sich entwickelnden Welt. Die multipolaren Mächte, die die Supermächte abgelöst haben, ragen auf der Weltbühne hervor, von den G7 der großen Industrieländer, bestehend aus Kanada, Frankreich, Deutschland, Italien, Japan, dem Vereinigten Königreich und den USA, den Europäischen Unionen, der Organisation für wirtschaftliche Zusammenarbeit und Entwicklung (OECD), die sich der Demokratie und der Marktwirtschaft der meist einkommensstarken Volkswirtschaften verpflichtet fühlen; die Organisation erdölexportierender Länder (OPEC); die Nordatlantikpakt-Organisation (NATO); die Five Eyes (FVEY); die BRICS-Staaten, bestehend aus Brasilien, Russland, Indien, China, Südafrika, Ägypten, Äthiopien, Iran und den Vereinigten Arabischen Emiraten; der Verband Südostasiatischer Nationen (ASEAN); die Belt and Road Initiative (BRI); die Afrikanische Union (AU); AUKUS ist eine trilaterale Sicherheitspartnerschaft zwischen Australien, dem Vereinigten Königreich und den Vereinigten Staaten, um ihre Interessen und Befugnisse zu fördern, die in einer sich schnell verändernden internationalen Landschaft in wirtschaftlichen, militärischen, diplomatischen und geopolitischen Strategien zusammenspielen, die die Dynamik der internationalen Beziehungen prägen.

Die am weitesten entwickelten Nationen, die versuchen, eine führende Rolle in internationalen Organisationen zu spielen und Demokratie, Menschenrechte und den Kapitalismus des freien Marktes zu fördern, stützen sich auf ihre wirtschaftliche und militärische Macht, die durch ein Netzwerk von Bündnissen und ein Engagement für die Förderung demokratischer Werte gestärkt wird. Auf der anderen Seite verfolgen die Entwicklungsländer einen pragmatischeren Ansatz in der Diplomatie und engagieren sich für eine Vielzahl von Ländern, einschließlich solcher mit unterschiedlichen politischen Systemen und Ideologien, die eine stärker wirtschaftlich orientierte Strategie verfolgen und versuchen, ihren Einfluss durch wirtschaftliche Zusammenarbeit, Infrastrukturentwicklung und wirtschaftliche Partnerschaften auszuweiten. Eines der wichtigsten Probleme, mit denen wir in diesem Jahrhundert konfrontiert sein werden, ist die intelligente Steuerung von Technologie auf globaler Ebene. Die Technologien, die aus der vierten industriellen Revolution hervorgegangen sind, sind, wie frühere Revolutionen, den Gesetzen und Normen, die zu ihrer Regulierung erforderlich sind, weit voraus. Es gibt weltweit wenig Einigkeit darüber, wie die Auswirkungen von Technologien zu steuern sind, wenn sie überhaupt reguliert werden sollten.

Die geopolitischen Auswirkungen waren schon immer die Interessen der wichtigsten Stakeholder und spielen mit der Macht der Regierungsführung als Kapital zusammen. Dies belastet die Aktivitäten im Zusammenhang mit den wirtschaftlichen Aussichten, dem internationalen Handel und der Marktunsicherheit, da Regierungen und Politiker wichtige öffentliche Maßnahmen wie nationale Sicherheit, technologische Souveränität, Widerstandsfähigkeit von Lieferketten, Datensicherheit und Datenschutz sowie Rechte an geistigem Eigentum nicht umsetzen oder nicht umsetzen können. Technologie spielt seit langem eine Rolle dabei, wie wichtige Interessengruppen in einigen Gesellschaften Macht verdienen, nutzen und verlieren. Faktoren, die mit der Technologiesouveränität, den geistigen Rechten und der Widerstandsfähigkeit von Lieferketten verbunden sind, bestimmen zunehmend, ob die Welt und die internationalen Gemeinschaften gut aufgestellt sind, um ihr geopolitisches Wohlergehen zu verbessern.

Strategischer Wettbewerb ohne Konflikte in der industriellen Revolution der multipolaren geopolitischen Wirkungswelt wird die neue Normalität für die internationalen geopolitischen Beziehungen sein. Diplomatische Kommunikation, um ein gemeinsames Narrativ für die Beziehung zu entwickeln, das allen Beteiligten und Regierungen Richtung, Engagement und Orientierung bietet. Die Schaffung neuer Kanäle für den Dialog zwischen verschiedenen Interessengruppen in der multipolaren Welt muss mit Konsultationen an allen Fronten vorangetrieben werden, einschließlich systemischer Herausforderungen wie Handel, Technologie, künstliche Intelligenz, Klimaschutz und -minderung, Krankheitsepidemien und Fragen der internationalen Sicherheit. Die multipolaren geopolitischen Auswirkungen und das Engagement mehrerer Interessengruppen werden die Entwicklung der internationalen Beziehungen im 21. Jahrhundert bestimmen, mit Auswirkungen auf den globalen Frieden, den wirtschaftlichen Wohlstand und die nachhaltige Entwicklung.

Von der Globalisierung zur internationalen Sicherheit

Die Fähigkeit der Regierung eines Landes, ihre Bürger, ihre Wirtschaft und andere Institutionen vor Bedrohungen aus dem Ausland zu schützen, wird als nationale Sicherheit bezeichnet. Der Prozess der wachsenden gegenseitigen Abhängigkeit und Integration von Nationen, Gebieten und Menschen an einer Vielzahl von Fronten in wirtschaftlicher, politischer, kultureller und technologischer Hinsicht wird als Globalisierung bezeichnet. Je nach Situation und Perspektive kann sich die Globalisierung sowohl positiv als auch negativ auf die nationale Sicherheit auswirken.

Die Verbesserung der Zusammenarbeit und Kommunikation zwischen Staaten und nichtstaatlichen Akteuren, um gemeinsamen Sorgen und Risiken wie Terrorismus, Klimawandel, Pandemien und Cyberangriffen zu begegnen, ist einer der Vorteile der Globalisierung für die nationale Sicherheit. Sie fördert Innovation, Handel und Wirtschaftswachstum, die alle die gesellschaftliche Widerstandsfähigkeit, Stabilität und den Lebensstandard erhöhen können. Sie kann die Möglichkeit gewaltsamer Konflikte und autoritärer Regime verringern, indem sie das Wachstum von Demokratie, Menschenrechten und Rechtsstaatlichkeit fördert.

Die zunehmende Komplexität und Unvorhersehbarkeit des internationalen Systems sind einige der nachteiligen Auswirkungen der Globalisierung auf die internationale Sicherheit, da sie neue Schwachstellen und Schwierigkeiten für Regierungen und ihre Bewohner aufdecken kann. Staaten sind den Folgewirkungen globaler Probleme und Krisen wie Migration, Flüchtlingskrisen, instabilen Finanzmärkten und Umweltzerstörung ausgesetzt. Die Souveränität und Autonomie der Staaten wird untergraben, weil sie unter dem Druck von außen stehen und sich an die sich wandelnden Regeln und Normen der internationalen Ordnung anpassen müssen.

Die nationale Sicherheit kann die primäre Rechtfertigung für einen Konflikt sein, wenn eine Regierung der Ansicht ist, dass ein anderes Land oder eine nichtstaatliche Einheit, wie z. B. eine terroristische Vereinigung, ihre wesentlichen Interessen gefährdet. Krieg kann als Mittel zur Aufrechterhaltung oder Stärkung der nationalen Sicherheit angesehen werden, aber er kann auch negative Auswirkungen wie menschliches Elend, wirtschaftliche Verluste, Umweltschäden und weltweiten Reputationsverlust haben.

Die ersten Kriege, die die industrielle Revolution für die neuen militärischen Technologien nutzten, wurden in großem Maßstab eingesetzt, darunter der Krimkrieg (1854-56) und der Amerikanische Bürgerkrieg (1861-65). Die Industrialisierung des Ersten Weltkriegs (1914–1918) führte zu schätzungsweise 9 Millionen toten und 23 Millionen verwundeten Soldaten sowie weiteren 5 Millionen zivilen Todesopfern aus verschiedenen Ursachen. Der Zweite Weltkrieg (1939-1945) wurde durch die Expansionsbestrebungen Nazi-Deutschlands und des kaiserlichen Japans ausgelöst und durch die Reaktion der Alliierten, diese zu stoppen. Es war der tödlichste militärische Konflikt der Geschichte, bei dem schätzungsweise 70 bis 85 Millionen Menschen ums Leben kamen, was etwa 3 % der 2,3 Milliarden Menschen entspricht, die 1940 die Weltbevölkerung ausmachten. Seit 1800 sind weltweit über 37 Millionen Menschen in Kriegen ums Leben gekommen.

Militärische Eroberungen waren in der Geschichte der Weltzivilisationen für die Etablierung von Großmächten von Bedeutung. Die überwiegende Mehrheit der Kriege, die im letzten Jahrtausend stattgefunden haben, kann in drei Kategorien eingeteilt werden, hauptsächlich aufgrund religiöser, wirtschaftlicher und politischer Gründe, in denen Konflikte, die durch religiöse Opposition hervorgerufen wurden, Konflikte, die sich aus falschen wirtschaftlichen Theorien über die relativen Vorteile der Eroberung oder des Handelsgleichgewichts ergaben, und Konflikte, die sich aus den widersprüchlichen Ideologien des göttlichen Rechts der Monarchen und der Rechte der Nationen ergaben. Eine Zeit in der Geschichte der Kriegsführung, die als industrielle Kriegsführung bekannt ist, entspricht in etwa dem Beginn der industriellen Revolution im frühen 19. Jahrhundert und dem Beginn des Atomzeitalters. In dieser Zeit entwickelten sich Nationalstaaten, denen es gelang, sich ihren Weg an die Spitze zu bahnen, die in der Lage waren, beträchtliche Flotten, Armeen und Luftstreitkräfte zusammenzustellen und auszurüsten. Militärausgaben und militärische Macht werden jedoch die Menschheit töten und die Entwicklung zerstören.

Manche Menschen betrachten Kriege als Nullsummenspiele, die nur gewonnen oder verloren werden können, wobei Wettbewerbsideale ihr Leben bestimmen. Einige argumentieren sogar, dass die industrielle Revolution durch Konflikte ausgelöst wurde und dass das Wirtschaftswunder des Landes hauptsächlich das Ergebnis der Militärmaschinerie und nicht des Einfallsreichtums seiner Unternehmer war. Ein solches Narrativ ist unglaublich irreführend und die Quelle vieler großer Missverständnisse und

Irrtümer in Bezug darauf, wie wir internationale Beziehungen und Kriegsführung sehen. Die Vorstellung, dass die internationalen Beziehungen ein Nullsummenspiel mit Gewinnern und Verlierern sind, beruht auf der Analogie von Spielen, und der Krieg ist die logische Fortsetzung dieser Theorie. Aber Kriegsführung ist kein Spiel. Historisch gesehen scheint es, dass eines der am wenigsten effektiven Mittel zur Förderung nationaler Ziele der Konflikt war, und je verheerender ein Krieg wird, desto weniger effektiv ist er.

Der Kalte Krieg, der 1945 mit dem Ende des Zweiten Weltkriegs begann und bis zur Auflösung der Sowjetunion 1991 andauerte, war eine Zeit geopolitischer Spannungen zwischen den USA und der UdSSR sowie ihrer Stellvertreterkriege. Die Welt und in größerem Maße auch die Vereinigten Staaten und Russland lebten in Angst vor dem drohenden nuklearen Untergang. Es war der Kalte Krieg, der veränderte: Regierungen auf der ganzen Welt konzentrierten sich zunehmend auf Sicherheit und Verteidigung. War Amerika der Gewinner des Endes des Kalten Krieges? Etwa 100.000 Amerikaner opferten ihr Leben im Korea- und Vietnamkrieg, und während des Kalten Krieges wurden 8 bis 9 Billionen Dollar für US-Militärausrüstung ausgegeben. Nichtsdestotrotz vertrat die Mehrheit der Amerikaner weiterhin die Ansicht, dass ihre Sicherheit davon abhänge, dass der Globus ihrem Land ähnlich sei und ob sich alle Nationen der amerikanischen Autorität unterhielten.

Staaten tauschen regelmäßig Narrative über die Welt und sich selbst aus. Im Kampf gegen den Kommunismus während des Kalten Krieges positionierten sich die Vereinigten Staaten als Vorkämpfer der freien Welt, während die Sowjetunion die Legende von sozialistischen Ländern erzählte, die sich zusammenschlossen, um sich gegen den Vormarsch des Kapitalismus zu wehren. Wenn jede Nation signifikant unterschiedliche Perspektiven und Interpretationen in Bezug auf ihre Pläne, Handlungen und den bilateralen Stand der Dinge propagiert, entstehen erhebliche narrative Lücken. Die vorherrschenden Medientechnologien und Kommunikationsmedien waren damals Print, Film, Radio und Fernsehen.

Die gleiche Logik gilt für die Beziehungen zwischen China und den USA. Beziehungen. Von 2018 bis 2023 befanden sich die Beziehungen zwischen den USA und China in einer linearen Abwärtsspirale, die oft als die wichtigste bilaterale Beziehung der Welt bezeichnet wird. Während die

Vereinigten Staaten und China um die strategische Vorherrschaft wetteifern, weichen auch ihre strategischen Narrative mit dem Handelskrieg, der Pandemie und dem wachsenden Technologiewettbewerb voneinander ab. Seit den frühen 2010er Jahren hat das vorherrschende Narrativ in den Vereinigten Staaten Chinas Wachstum als ernsthafte Bedrohung für die amerikanische Vorherrschaft sowie für internationale Normen und Werte dargestellt. Die Popularität dezentraler Medieninstitutionen wie des Internets und sozialer Online-Netzwerke verkompliziert die Propaganda zwischen den USA und China.

So haben die USA immer wieder ihre Besorgnis über Menschenrechtsfragen, den Diebstahl geistigen Eigentums und regionale Aggressionen betont. Im Gegensatz dazu hat sich China als eine wiederaufstrebende Macht dargestellt, die sich zu Recht für eine friedliche Entwicklung und einen gemeinsamen Wohlstand einsetzt, der weltweit konkrete Vorteile und Hoffnung bringt und seinen Platz auf der Weltbühne zurückerobert, während es die Vereinigten Staaten beschuldigt, zu versuchen, ihre legitimen Entwicklungsrechte einzuschränken und sich in ihre inneren Angelegenheiten einzumischen.

Dieses Aufeinanderprallen von Narrativen, von denen jedes seine eigene Version der Realität hat, erschwert diplomatische Engagements und macht es schwieriger, eine gemeinsame Basis für eine stabile und konstruktive Beziehung zu finden. Ohne diese großen Unterschiede in der Darstellung, insbesondere in Bezug auf Handelspraktiken, technologische Rivalität und regionale Sicherheit, in Einklang zu bringen, würden sich die Spannungen zwischen den beiden Großmächten in den kommenden Jahren wahrscheinlich verschärfen. Für dieses äußerst angespannte Verhältnis bedeuten die falschen Narrative von ideologischer Vorherrschaft und der Bedrohung durch Kapitalismus und Sozialismus nur Ärger.

Nach dem Ende des Kalten Krieges glaubten sowohl Europa als auch China, dass eine langwierige Periode des Friedens und des Wohlstands angebrochen sei. Die Welt nach dem Kalten Krieg wurde von drei Faktoren bestimmt. Der erste war die Dominanz der Vereinigten Staaten, die weiterhin die größte Wirtschaft der Welt hatten, als sie in diese neue Ära eintraten, die zur dritten und vierten industriellen Revolution führte. Das Wiederaufleben Europas als große, kohärente Wirtschaftskraft war die zweite. Die dritte war das Aufkommen der friedlichen Entwicklung Chinas im vierten Jahrzehnt, in dem es zum Epizentrum der industriellen Expansion der Welt wurde und alle Lehren der industriellen Revolution integrierte, um eine neue Stufe der industriellen Revolution zu erreichen. Chinas friedlicher Aufstieg ist besonders schwer zu verkaufen, weil es in der Geschichte keinen Präzedenzfall für einen erfolgreichen Aufstieg dieser Art gibt. Frieden und Entwicklung sind jedoch nach wie vor der historische Trend und das Streben der Menschen für die Zukunft. Chinas Erfahrung zeigt, dass friedliche Entwicklung ein erfolgreicher Ansatz ist. Alle Nationen, die auf eine friedliche Entwicklung hinarbeiten, werden eine glänzende Zukunft für die Menschheit haben.

Nationale Sicherheitsstrategien erkennen zunehmend, dass Nationen nicht für ihre Sicherheit sorgen können, ohne auch die Sicherheit ihrer regionalen und internationalen Inhalte zu entwickeln. Die internationale Sicherheitsstrategie sollte sich für den Einsatz friedlicher Mittel und Diplomatie einsetzen, wann immer dies möglich ist, um unnötiges Blutvergießen und Kosten zu vermeiden. Dazu gehört auch der Multilateralismus, der kollektives Handeln und Institutionen nutzt, um gemeinsame Sicherheitsbelange zu behandeln und internationale Normen und Gesetze zu verteidigen, ohne auf Gewalt oder Zwang zurückzugreifen. Engagement mit anderen Ländern durch Dialog, Zusammenarbeit und Hilfe, um gesunde Beziehungen und gegenseitige Interessen zu schaffen. Präventivmaßnahmen sind vorausschauende internationale Sicherheitsmaßnahmen, um eine potenzielle Bedrohung zu beseitigen oder zu verringern, bevor sie sich manifestiert.

Die vierte industrielle Revolution (4IR) beinhaltet die Integration von Technologien, die die Grenzen zwischen dem physischen, digitalen und biologischen Bereich verwischen, die Auswirkungen auf die zukünftige internationale Sicherheit sind kompliziert und unvorhersehbar. Die 4IR bietet sowohl Herausforderungen als auch Chancen, die einen umfassenden, integrierten und anpassungsfähigen Ansatz erfordern, der alle Interessengruppen einbezieht und das Versprechen der 4IR-Technologien für das Gemeinwohl nutzt. Nichtstaatliche Einrichtungen, transnationale Netzwerke, der kommerzielle Sektor, die Zivilgesellschaft und Menschen können eine größere Rolle bei der Gestaltung des internationalen Sicherheitsumfelds spielen und den Ausgang von Konflikten beeinflussen. Zu den Folgen von 4IR gehören neue Bedrohungen und Herausforderungen wie Cyberangriffe, Bioterrorismus, Kriegsführung mit künstlicher Intelligenz (KI) und soziale Unruhen, die neue Fähigkeiten und Strategien zur Vorbeugung, Abschreckung oder Reaktion darauf erfordern können. Neue Möglichkeiten und Vorteile, wie z. B. verbesserte menschliche Kognition, Gesundheit und körperliche Fähigkeiten; gesteigerte Kreativität und Innovation; Fortschritte in den Systemen der allgemeinen und beruflichen Bildung; Verbesserung der Lebensmittelsicherheit; und die Resilienz und das Wohlergehen der Gesellschaft, schutzbedürftiger Gruppen und des Einzelnen zu verbessern.

In dem Maße, in dem sich das Spektrum der internationalen Sicherheitsbelange erweitert, müssen sich auch die geopolitischen und gesellschaftlichen Reaktionen erweitern. Wenn alles, vom Internet und den sozialen Medien bis hin zu den steigenden Lebenshaltungskosten, der Arbeitslosigkeit, den Extremwettern, der Robotik, der wirtschaftlichen Ungleichheit, dem Technologie- und Handelskrieg, den Cyberangriffen, dem Klimawandel und der Energieknappheit, jetzt direkte Auswirkungen auf die internationale Sicherheit hat, kann die Welt diese Herausforderungen nicht mehr isoliert angehen. Nachhaltige Entwicklung für alle ist nur in einem friedlichen und ruhigen internationalen Umfeld möglich.

Das Streben nach technologischer Souveränität

Die Fähigkeit einer Region, unabhängig über technologiebezogene strategische Angelegenheiten zu entscheiden, wird bekanntlich als technologische Souveränität bezeichnet, und eine der Hauptkomponenten dieser Souveränität sind Wissen und Fähigkeiten des geistigen Eigentums (IP), um diese Grenztechnologien und Innovationen zu nutzen, zu übernehmen und anzupassen. IP-Patente können die Wettbewerbsfähigkeit und Unabhängigkeit eines Landes auf dem internationalen Markt unterstützen sowie seine Innovation und Kreativität sichern und fördern. Geistiges Eigentum kann Abhängigkeiten und Schwachstellen verhindern und gleichzeitig die Zusammenarbeit und den Wissensaustausch mit anderen Regionen erleichtern. Wirtschaftlicher Erfolg braucht Innovation. Patente wiederum dienen als Grundstein für Innovationen. Patente werden häufig als Indikator für die Innovationsfähigkeit und das Engagement eines Landes oder Unternehmens angesehen. Ein Patent ist laut der Weltorganisation für geistiges Eigentum (WIPO) ein exklusives Recht, das für eine Erfindung gewährt wird. Das heißt, ein Patent ist ein ausschließliches Recht an einem Produkt oder einem Verfahren, das im Allgemeinen eine neue Art und Weise bietet, etwas zu tun, oder eine neue technische Lösung für ein Problem bietet.

In den letzten Jahren hat sich nicht nur der globale technologiebasierte Handelskrieg verschärft, sondern er ist auch zunehmend mit einer breiteren Art von Rivalität zwischen verschiedenen politischen und Wertesystemen verbunden. Die USA sind die dominierende Patent-Supermacht bei Spitzentechnologien, aber China holt schnell auf. Währenddessen fällt Europa in der Hackordnung allmählich, aber stetig zurück. Der Begriff Technologiesouveränität wird seit langem verwendet, um verschiedene Formen der Unabhängigkeit, Kontrolle und Autonomie über Technologien, Wirtschaftsmodelle und Inhalte zu charakterisieren. Viele Ideen zur Technologiesouveränität drehen sich um Datenschutz, Vertrauen und vertrauenswürdige Inhalte. Einige Menschen nutzen ihre Souveränität, um für die Lösung vermeintlicher Bedenken bestimmter Technologieunternehmen zu argumentieren. Andere sorgen sich um den Verbraucherschutz. Ein großer Teil der Technologiesouveränität im Handelskrieg dreht sich um künstliche Intelligenz und Cybersicherheit. Andere sprechen von der Souveränität der Geld-, Währungs- und Zahlungssysteme. Darüber hinaus sind der allgemeine Zugang zu essentiellen Technologien und Technologieabhängigkeiten in der Verteidigung und im öffentlichen Beschaffungswesen Konzepte. Viele dieser Ziele zielen darauf ab, die wirtschaftliche Souveränität staatlicher Maßnahmen zur Aufrechterhaltung des Wettbewerbs und des Kapazitätsaufbaus der Industrialisierung zu definieren.

Patente von Weltrang und wissenschaftliche Forschungspublikationen sind Indikatoren für die zukünftige Wettbewerbsfähigkeit und technologische Souveränität einer Nation. Im Jahr 2018 wurden weltweit mehr als 2,5 Millionen wissenschaftliche und technische Artikel veröffentlicht. China hat die USA mit einem globalen Anteil von 20,67 % (528.263) als weltweit führenden Forschungsverlag in Wissenschaft und Technik abgelöst. Im Jahr 2022 haben sich die Patentanmeldungen aus China fast verdoppelt wie die Summe der US-Patentanmeldungen. China hatte jedoch mit nur 7,7 % der Anträge, die außerhalb des Landes eingereicht wurden, den niedrigsten Prozentsatz. Umgekehrt kam ein beträchtlicher Teil aller Bewerbungen aus Übersee, wobei die meisten aus Deutschland (60,7 %), den USA (51 %) und Japan (46,2 %) kamen.

Im Bereich der Spitzentechnologien von Halbleitern stehen die technologischen Rivalitäten zwischen China und den USA im Rampenlicht: In den Jahren 2021-22 wurden weltweit 69.190 Patente für Halbleiter angemeldet, was einem Anstieg von 59 % gegenüber 43.380 vor fünf Jahren und 9 % mehr als den 62.770 Patenten im Jahr 2020-21 entspricht. Auf chinesische Unternehmen entfielen 54,7 % (37.865) der weltweiten Anmeldungen, während Unternehmen aus den USA mit 26 % an zweiter Stelle standen. China hat einen großen Schwerpunkt auf die Ankurbelung der heimischen Halbleiterproduktion gelegt, um die Abhängigkeit von US-Technologien zu verringern. China hat in den letzten zwei Jahren einen starken Rückgang der IC-Importe verzeichnet, im Jahr 2022 um 15,3 % im Vergleich zum Vorjahr und um weitere 15,2 % im Vergleich zum Vorjahr um die Anzahl der Einheiten von Januar bis August 2023. Chinas Exporte und die inländische Herstellung von ICs haben sich als widerstandsfähiger erwiesen. Der amerikanische Ansatz könnte China entschlossener machen, technologieautark zu werden, und könnte sogar amerikanischen Halbleiterunternehmen schaden.

Im Bereich der neuesten Spitzentechnologien der Künstlichen Intelligenz (KI) ist die Zahl in den letzten Jahren auf rund 18.753 im Jahr 2021 gestiegen. Der größte Anstieg der KI-Patentanmeldungen erfolgte im Jahr 2022 mit einer durchschnittlichen jährlichen Wachstumsrate von 28 %. China ist weltweit führend bei KI-Patenten, hat in den letzten zehn Jahren 389.571 Patente angemeldet und ist für 74,7 % des weltweiten KI-bezogenen IP-Schutzes verantwortlich. Die Fokussierung auf Kernalgorithmen, intelligente Chips und Open-Source-Plattformen hat Chinas Einführung von KI beschleunigt, die zur Modernisierung zahlreicher Infrastrukturen eingesetzt wird. Nach China stehen die Vereinigten Staaten mit 1.416 KI-Patentanmeldungen an zweiter Stelle, was fast 20 % der Gesamtzahl entspricht. An dritter Stelle steht die Republik Korea mit rund 500 Anmeldungen.

Das Internet der Dinge (Internet of Things, IoT) verbindet Geräte und Technologien, um die Kommunikation, Effizienz und Sicherheit zu verbessern. Bis 2023 werden schätzungsweise über 50 Millionen IoT-Geräte im Einsatz sein, was den Bedarf an Datenerfassung, -analyse und -entscheidungsfindung erhöht. Insgesamt hat sich die Zahl der weltweit eingereichten IoT-bezogenen Patente zwischen 2010 und 2020 mehr als verzehnfacht. Dieser enorme Anstieg wurde von China angetrieben, das zwischen 2002 und 2021 286.246 IoT-Patente anmeldete, etwa doppelt so viele wie die USA, die mit 155.374 angemeldeten Patenten an zweiter Stelle stehen. Auf den Plätzen zwei und drei folgen Südkorea und Japan mit 46.312 bzw. 36.034. Auf den Plätzen fünf und sechs liegen Deutschland und das Vereinigte Königreich mit 9.686 bzw. 9.548 angemeldeten Patenten im Betrachtungszeitraum.

Der Luft- und Raumfahrtsektor ist ein wichtiger Akteur in der Welt des geistigen Eigentums (IP). Während Technologie- und Unterhaltungselektronikkonzerne oft die ersten sind, die einem als Vorreiter in den Sinn kommen, gehören Luft- und Raumfahrtunternehmen zu den weltweit größten in Bezug auf die Forschungsförderung. Dieser Innovationsgrad spiegelt sich in der Größe der Patentportfolios dieser Unternehmen wider. Ein bemerkenswerter Trend ist die Zunahme von Patentanmeldungen für die Luft- und Raumfahrt aus China. Dieselben Daten zeigen, dass die Zahl der chinesischen Anmeldungen um 30 % höher war als in den USA und mehr als viermal so hoch wie die des EPA. Boeing prognostiziert, dass die Fluggastzahlen innerhalb Chinas bis 2041 die innerhalb Nordamerikas übertreffen und den ersten Platz als größter Passagierstrom der Welt einnehmen werden, nachdem es in letzter Zeit die innereuropäischen Strecken und in den 2010er Jahren die Strecken zwischen Europa und Nordamerika überholt hat. Das Wachstum des chinesischen Inlandsmarktes, das von 2012 bis 2019 durchschnittlich 11 % pro Jahr betrug, hat das Interesse an der Region geweckt. Während die traditionellen Hersteller daran interessiert sein werden, daraus Kapital zu schlagen, hat die Nachfrage auch neue Konkurrenz geschaffen. Chinas erstes inländisches Verkehrsflugzeug, die Comac C919, wurde Ende Mai 2023 bei China Eastern Airlines in den kommerziellen Dienst aufgenommen. Darüber hinaus hat sich Comac bereits mit dem russischen Flugzeughersteller United Aircraft Corporation zusammengetan, um ein Großraumflugzeug zu entwickeln, wobei die Vorentwurfsarbeiten bereits in vollem Gange sind. Die jüngsten Patentanmeldungen prognostizierten Passagierzahlen und die laufenden kommerziellen Entwicklungen deuten darauf hin, dass der einzige Weg für den chinesischen Luftfahrtmarkt nach oben führt.

E-Commerce verändert den Einzelhandel, wie wir ihn kennen. Auch die Einkaufsgewohnheiten der Menschen ändern sich rasant, wobei Online-Einkäufe zur neuen Norm werden. Der E-Commerce-Sektor wächst Jahr für Jahr stärker. Das Volumen und der Dollarwert der Internetverkäufe steigen. Tatsächlich wird erwartet, dass der weltweite E-Commerce-Umsatz im Jahr 2023 insgesamt 6,3 Billionen US-Dollar und bis 2024 einen Wert von 7 Billionen US-Dollar überschreiten wird. Eine Vielzahl von Faktoren treibt diese Expansion voran, darunter das Aufkommen des mobilen Handels, das Wachstum der sozialen Medien und die zunehmende Popularität von Abonnementdiensten. Bei einer aktuellen Weltbevölkerung von 7,9 Milliarden Menschen entspricht dies 27 % aller lebenden Menschen, die zu digitalen Käufern werden. In China gibt es derzeit 1 Milliarde aktive intelligente Geräte und Mobiltelefone, von denen über 600 Millionen täglich von Menschen genutzt werden. Im Jahr 2022 werden 70 % der Amerikaner online einkaufen, mit insgesamt 268 Millionen digitalen Käufern. Im Jahr 2015 gab der durchschnittliche Kunde weltweit rund 1.060 US-Dollar für Online-Einkäufe aus. Bis 2021 hatte sich der durchschnittliche Online-Kaufwert auf 2.310 US-Dollar mehr als verdoppelt.

Finanzunternehmen haben sich auf Geschäftsgeheimnisse und First-Mover-Vorteile verlassen, um ihre Ideen zu schützen, anstatt auf Patente. Der Aufstieg von Fintech hat den Zweck der Patentierung unter den Banken verändert, ebenso wie die Auswirkungen eines voraussichtlichen Fintech-Patentkriegs auf die Zukunft sowohl des Finanz- als auch des Patentsystems. Die USA sind führend bei der Qualität von FinTech-Patenten. China und Indien, die seit Jahren den Fintech-Markt anführen, haben sich jedoch als die Länder mit der höchsten Fintech-Akzeptanzrate von 87 % herauskristallisiert. Im Jahr 2021 gab die chinesische Zentralbank die erste digitale Währung des digitalen Renminbi heraus. Auf internationaler Ebene könnte der digitale RMB eine billigere und praktischere Alternative zu internationalen Transaktionen darstellen, die außerhalb des von den USA geführten globalen Finanzsystems stattfinden, insbesondere für Länder mit starken Verbindungen zu China.

Bei der Energiewende ist China die Nummer eins bei der Stromerzeugung für erneuerbare Energien oder der Stromerzeugung von über 2,4 Millionen GWh, mehr als doppelt so viel wie die USA im Jahr 2021 mit etwa 0,9 Millionen GWh erzeugt haben. Die USA sind das führende Land bei der Einführung erneuerbarer Energien in der Energiewirtschaft und verfügen über die höchste Anzahl von Patenten, Arbeitsplätzen und Verträgen im Zusammenhang mit erneuerbaren Energien. In der Zwischenzeit halten China, Großbritannien, Indien und Deutschland auch bedeutende Positionen bei der Einführung erneuerbarer Energien in der Energiewirtschaft. Die Solarenergietechnologie hat viel mehr Patente als jede andere erneuerbare Energiequelle auf der Erde. Im Jahr 2020 hatte diese erneuerbare Technologie 33.901 Patente. Die Windenergie hatte in diesem Jahr 9.934 Patente, während die Geothermie mit 927 die wenigsten hatte. Im Jahr 2018 hatte China mit rund 7.550 die meisten Patente für Innovationen im Bereich der erneuerbaren Energien weltweit. Die Vereinigten Staaten belegten mit fast 2.000 erteilten Patenten für erneuerbare Energietechnologien im selben Jahr den zweiten Platz. China ist führend in der Herstellung von Photovoltaik-Anlagen und macht den Großteil der weltweiten Produktion von Photovoltaik-Komponenten aus. Im Jahr 2021 produzierte das Land etwa 97 % der Siliziumwafer, 88 % der Photovoltaikzellen und 82 % der Solarmodule.

Im Jahr 2021 war der chinesische Patentinhaber Huawei mit über 5600 5G-Patentfamilien der weltweit führende Inhaber von Patentfamilien für 5G-Telekommunikationstechnologie. Von den anderen 5G-Patentinhabern belegte die amerikanische QUALCOMM Incorporated den zweiten Platz mit dem Besitz von 4133 Patentfamilien. Die Dominanz von Huawei beruht vor allem, aber nicht ausschließlich, auf seiner führenden Position in China, wo die großen Betreiber in den letzten Jahren stark in 5G- und

Glasfaserzugangsnetze investiert haben. Auch über die Landesgrenzen hinaus, mit dem Verbot aus vielen Industrieländern, war Huawei im Jahr 2022 mit einem Marktanteil von 18 % der drei größte Anbieter von Telekommunikationsausrüstung außerhalb Chinas.

Es ist nicht immer die riesige Menge an Patentanmeldungen, die China zu einem globalen Patent-Powerhouse gemacht hat. Chinas Ziel, eine Nation des geistigen Eigentums zu werden, hat sich jedoch zweifellos verbessert. Chinas Rolle in der globalen Innovationslandschaft hat sich in den letzten zehn Jahren von einem arbeitsintensiven Produzenten der Schwerindustrie, der Arbeitskräfte, Rohstoffe, Anlagen und Ausrüstungen liefert, zu einer kommerziellen Wirtschaft, dann zu einer wissensbasierten Wirtschaft und schließlich zu einem High-Tech-Land entwickelt, das für intelligente Fertigung bekannt ist und von im Inland geführten Technologien der nächsten Generation wie Quantencomputern, künstlicher Intelligenz, und Halbleiter. Obwohl die chinesische Führung den Wert der Qualität des geistigen Eigentums gegenüber der Quantität versteht, ist China der Erfolg bei der Wertschöpfung entgangen. Chinas IP-Einnahmen von 8,6 Milliarden US-Dollar im Jahr 2020 verblassen im Vergleich zu den massiven 113,8 Milliarden US-Dollar der USA. Dies ist höchstwahrscheinlich darauf zurückzuführen, dass Chinas geistiges Eigentum zu adaptiver Innovation neigt, wobei Gebrauchsmuster mehr als die Hälfte der inländischen Anmeldungen ausmachen. Diese haben niedrigere Anspruchsvoraussetzungen, Schutzfristen und Aufbewahrungsquoten, was auf ein geringeres Qualitätsniveau des geistigen Eigentums hindeutet. Es bedeutet jedoch auch, dass China relativ billigere und kostengünstigere Alternativen für die Einführung fortschrittlicher Technologien anbieten kann.

Geistiges Eigentum wird ausgegeben, um das Leben von Menschen auf der ganzen Welt zu verbessern. Geistiges Eigentum wird von Schöpfern und Erfindern auf der ganzen Welt verwendet, um ihre Ideen in Vermögenswerte umzuwandeln. IP-Immobilien generieren wirtschaftliche und soziale Vorteile, von denen Menschen auf der ganzen Welt profitieren. Eine gut ausgearbeitete Strategie für geistiges Eigentum kann Unternehmen und Volkswirtschaften dabei helfen, ihr Potenzial zu maximieren. Die Nutzung und das Verständnis von Rechten an geistigem Eigentum kann Ihnen helfen, einen Wettbewerbsvorteil zu erzielen, Einnahmequellen zu erschließen, die Steuerpflicht zu verringern, als Quelle für Wettbewerbsinformationen zu dienen, Zugang zu Finanzmitteln zu erhalten,

Investoren und Partner anzuziehen und geltende Risiken zu vermeiden und zu mindern. Geistiges Eigentum (IP) ist ein wichtiger Motivator für Innovation und Kreativität, die für die Erreichung der Ziele für nachhaltige Entwicklung der Vereinten Nationen (SDGs) von entscheidender Bedeutung sind.

Die Resilienz von Lieferketten

Die globale Lieferkette ist ein wichtiger Aspekt der wirtschaftlichen und sozialen Entwicklung der Welt, und die Bewältigung aktueller und zukünftiger Herausforderungen und Möglichkeiten erfordert einen kollaborativen und kohärenten Ansatz. Wir sind auf globale Lieferketten für Lebensmittel, Waren, Rohstoffe, Technologie und andere Dinge angewiesen, die für das reibungslose Funktionieren unserer Wirtschaft und das Wohlergehen der Gesellschaft von entscheidender Bedeutung sind. Doch was passiert, wenn Lieferketten ausfallen? Was, wenn die kritische Infrastruktur, die sie am Laufen hält, zusammenbricht?

Mehrere aktuelle Ereignisse haben die Widerstandsfähigkeit der globalen Lieferketten beeinflusst, darunter die COVID-19-Pandemie, die Zunahme extremer Wetterereignisse, der Handelskrieg zwischen den USA und China, der CHIPS and Science Act, der Krieg zwischen Russland und der Ukraine und der israelisch-palästinensische Konflikt. Diese Ereignisse haben jeden Teil der Wertschöpfungskette gestört, von der Rohstoffbeschaffung über den Fluss von Waren und Dienstleistungen bis hin zu Endkunden und Informationen über Länder und Regionen hinweg, was zu Engpässen, Verzögerungen und höheren Preisen für Unternehmen und Verbraucher geführt hat. Es testet die kommerzielle, betriebliche, finanzielle und organisatorische Resilienz der meisten Unternehmen auf der ganzen Welt und hat Risiken und Resilienzlücken für viele Organisationen aufgezeigt.

Während der Pandemie lieferte der Halbleitersektor die besten Lektionen in Sachen Widerstandsfähigkeit der Lieferkette. Nach drei Jahren des Umbruchs, der Knappheit und der hohen Nachfrage arbeiten Chiphersteller und ihre Kunden daran, ihre Fertigungsnetzwerke und Lieferketten zu stärken. Der Halbleiterumsatz ist schwindelerregend groß: mehr als eine halbe Billion Dollar im Jahr 2022. Die winzigen IC-Chips (Integrated Circuits) mit Millionen oder Milliarden von Transistoren, die auf einem Quadratzoll oder weniger Silizium untergebracht sind, bilden die Grundlage für praktisch jeden Aspekt moderner und zukünftiger Technologien. Die Komplexität von Halbleitern erstreckt sich auch auf ihren Herstellungsprozess, der vier bis sechs Monate dauert und über 1000 Prozessschritte umfasst, die von spezialisierter Designsoftware bis hin zu Fertigungsanlagen und spezialisierten Testeinrichtungen reichen. Infolgedessen ist die Halbleiterlieferkette unglaublich kompliziert, geteilt und global. Bevor ein Endprodukt an die Verbraucher geliefert werden kann, müssen die verschiedenen Eingänge eines typischen IC-Chips mehr als 70 Auslandsgrenzen überschreiten. Führende Chipverkäufer haben häufig Zehntausende von Zulieferern auf der ganzen Welt, und einige Zulieferer sind die einzigen Unternehmen der Welt mit einzigartigen technologischen Fähigkeiten. Die Halbleiter-Lieferkette beginnt bei Systemunternehmen und setzt sich über Electronic Manufacturing Services (EMS), IC-Design, IC-Fertigung, IC-Montage und -Test, Endverbraucher und Systemunternehmen fort.

Die Halbleiter-Wertschöpfungskette ist in verschiedene Phasen unterteilt, von denen jede ihre eigenen spezialisierten Rollen und Unternehmen hat. Forschung und Entwicklung (F&E) ist die erste Stufe der Wertschöpfungskette, in der Unternehmen Forschung und Entwicklung betreiben, um neue Halbleiterprodukte und -technologien zu entwickeln. Halbleiterunternehmen sowie Ausrüstungs- und Materiallieferanten sind in dieser Phase wichtige Stakeholder. Zu den Ländern, die eine bedeutende Rolle bei der Gestaltung der globalen Halbleiterlandschaft spielen und erheblich in die Abhängigkeit von F&E-Ausgaben in Prozent nach Umsatz investieren, gehören die Vereinigten Staaten (18 %); Deutschland (17 %); Niederlande (16 %); Frankreich (15 %); Österreich (15 %); Italien (14 %); Vereinigtes Königreich (14 %); Ungarn (12 %); Taiwan (11 %); Südkorea (9 %); Japan (8 %) und China (8 %). Geopolitische Spannungen mit den Vereinigten Staaten haben Chinas Vorstoß zum Aufbau eines autarken Chipnetzwerks vorangetrieben, was zu erheblichen F&E-Ausgaben geführt hat, die sich auf konzentrierte Sektoren wie Lithographie, Waferproduktion und Automatisierung des elektronischen Designs (EDA) konzentrieren.

Die Herstellung von Wafern ist ein Prozess. Nach der Entwicklung eines Designs ist der nächste Schritt die Massenproduktion von Halbleiterbauelementen. Die Waferherstellung ist der Prozess der Herstellung von Halbleiterbauelementen auf einem Wafer unter Verwendung spezieller Geräte und Materialien. Halbleiterhersteller sowie Ausrüstungs- und Materiallieferanten sind in dieser Phase wichtige Akteure. Prüfung und Montage Nach der Herstellung von Halbleiterbauelementen müssen diese zusammengebaut und getestet werden, um ihre Qualität und Zuverlässigkeit zu überprüfen. Dieses Verfahren umfasst das Verpacken von Halbleiterbauelementen, das Testen ihrer Leistung und das Auffinden von

Fehlern. Zu den wichtigsten Akteuren in dieser Phase gehören Halbleiterhersteller sowie Montage- und Testunternehmen.

Vertrieb und Verkauf sind die Prozesse, mit denen Halbleiterbauelemente nach ihrer Produktion und Prüfung an Kunden vertrieben und verkauft werden. Über Distributoren und Vertriebsteams verbindet dieser Prozess Halbleiterhersteller mit Kunden. Halbleiterhersteller, -distributoren und -vertriebsfirmen sind in dieser Phase wichtige Akteure. Die Herstellung von Endprodukten ist die letzte Stufe der Wertschöpfungskette, bei der Halbleiterbauelemente von den Herstellern in das Endprodukt integriert werden. Halbleiterbauelemente werden als Komponenten in elektronischen Geräten wie Smartphones, Computern und Automobilen verwendet.

Es ist erwähnenswert, dass einige Unternehmen an mehreren Stufen der Wertschöpfungskette teilnehmen, während andere sich auf eine einzige Stufe spezialisieren. Darüber hinaus kann die Wertschöpfungskette je nach spezifischem Halbleiterbauelement oder Anwendung variieren. Um die Halbleiterlieferkette nachhaltig zu gestalten, müssen sich Unternehmen auf Umweltprozesse, soziale Praktiken und die Wirtschaft konzentrieren. Um eine nachhaltige Zukunft zu schaffen, sollten Lieferketten daran arbeiten, den Herstellungsprozess und die Qualität zu verbessern, die Umweltbelastung zu verringern und die Arbeitsrechte zu schützen.

Die Resilienz von Lieferketten und innovativen Systemen schafft produktivitätssteigernde Technologien und ist der Schlüssel zur Schaffung einer robusten Wirtschaft und einer gesunden Gesellschaft. Auf lange Sicht wäre es jedoch ein Fehler, wichtige Lieferketten mit dem falschen Grund auszuschließen und zu sanktionieren. Aufgrund der umfangreichen Lieferantennetzwerke, der flexiblen und fähigen Arbeitskräfte sowie der umfangreichen und effizienten Hafen- und Transportinfrastruktur des Landes wird es noch viele Jahre lang eine äußerst wettbewerbsfähige Quelle bleiben. Und da China die zweitgrößte Volkswirtschaft der Welt ist, müssen Unternehmen präsent bleiben, um auf seinen Marktplätzen zu verkaufen und Wettbewerbsinformationen zu sammeln.

Das Design von Supply-Chain-Netzwerken umfasst beispielsweise die Konfiguration und Optimierung der Supply-Chain-Struktur, wie z. B. den Standort, die Kapazität und die Konnektivität von Lieferanten, Fabriken, Lagern und Distributionszentren. Ein widerstandsfähiges Supply-Chain-

Netzwerk sollte ein ausgewogenes Verhältnis zwischen Effizienz und Flexibilität aufweisen sowie Notfallpläne und Backup-Optionen für verschiedene Eventualitäten enthalten. Das Risikomanagement in der Lieferkette umfasst die Identifizierung, Bewertung und Minderung von Risiken und Unsicherheiten, die sich auf die Leistung der Lieferkette auswirken können.

Eine belastbare Strategie für das Risikomanagement in der Lieferkette sollte die gesamte Lieferkette umfassen, von der vorgelagerten bis zur nachgelagerten und von der strategischen bis zur operativen Ebene. Es sollte auch das Engagement und die Koordination aller Partner in der Lieferkette sowie die Verwendung von Daten und Analysen zur Überwachung und Antizipation von Risikovorfällen umfassen. Die Einführung und Integration neuer Technologien, Prozesse und Praktiken, die die Fähigkeiten und die Wettbewerbsfähigkeit der Lieferkette verbessern können, sind Beispiele für Innovationen in der Lieferkette. Eine widerstandsfähige Supply-Chain-Innovation sollte die Chancen und Herausforderungen des externen Umfelds nutzen, wie z. B. sich ändernde Kundenerwartungen, aufkommende Markttrends und zunehmende regulatorische Auflagen. Es sollte auch eine Kultur des Lernens und Experimentierens fördern, um neue Ideen und Lösungen für Probleme in der Lieferkette zu entwickeln.

Die Divergenz und Konvergenz von ESG

In diesem Jahrzehnt wird ESG das wichtigste Thema der industriellen Revolution sein, das in Wissenschafts- und Forschungsgemeinschaften, Vorstandsetagen von Unternehmen, politischen Entscheidungsträgern und Staatsmännern auf der ganzen Welt diskutiert wird. Während Umweltbewegungen bereits in früheren Jahrzehnten stattgefunden haben, ist der aktuelle Anstieg des Nachhaltigkeitsbewusstseins beispiellos. Jede neue klimabedingte Katastrophe, jede Menschenrechtsverletzung oder jeder neue Korruptionsskandal unterstützt die öffentliche Wahrnehmung, dass Unternehmen ernsthafte Maßnahmen ergreifen müssen, um ökologische, soziale und Governance-Herausforderungen anzugehen.

Es gibt Regeln und Trends für ESG, die sich weltweit entwickeln, und die Divergenz und Konvergenz folgen einem ähnlichen technologischen und wirtschaftlichen exponentiellen Entwicklungsmuster, aber mit sehr unterschiedlichen Geschwindigkeiten und durch mehrere Linsen liefern umsetzbare Erkenntnisse:

Regel 1.1: Es geht um menschliche Wünsche und Bedürfnisse. Wünsche sind Dinge, die eine Person mehr haben möchte, als Bedürfnisse, die Menschen zum Überleben benötigen.

Regel 1.2: Menschen brauchen Menschen. Menschliche Wünsche können gegen Produkte und Dienstleistungen eingetauscht werden. Die Wünsche sind unbegrenzt, das Verlangen kann sich im Laufe der Zeit ändern.

Regel 1.3: Das Tauschmittel entwickelte schließlich die Verwendung von Geld als Wert, der von Finanzsystemen unterstützt wird.

Regel 1.4: Kapital ist ein Input in der Produktionsfunktion von Gütern und Dienstleistungen, der sich auf alles beziehen kann, was einen monetären Wert oder Wert hat.

Regel 1.5: Es ist kommerziell und wirtschaftlich.

Regel 2.1: Es ist wissenschaftlich fundiert.

Regel 2.2: Die wissenschaftlich fundierten Wünsche und Bedürfnisse treiben Erfindungen und Innovationen in industriellen Revolutionen voran.

Regel 2.3: Erfindung und Innovation treiben immer parallel zum Kapital.

Regel 2.4: Erfindung und Innovation haben legitime Rechte (Patente) auf Handel.

Regel 3.1: Signifikante Veränderungen in der Industrie revolutionieren sowohl Nutznießer als auch Gegner wirken sich auf die gegenwärtigen und zukünftigen Bedürfnisse der Menschheit aus.

Regel 3.2: Die Nutznießer der industriellen Revolution sind die Ressourcen für exponentielles Wachstum in der Entwicklung.

Regel 3.3: Die Gegner der Branchenrevolution sind die Begrenzung für den exponentiellen Verfall des Logarithmus, der die ESG-Probleme verursacht.

Regel 3.4: Die Divergenz und Konvergenz von ESG lässt sich nicht vermeiden. Bei jeder Konvergenz wird es Divergenzen geben. In jeder Divergenz gibt es Herausforderungen und Chancen für Konvergenz.

Regel 3.5: Der Bereich der konvergenten Interessen von ESG kann dazu dienen, den gegenseitigen Nutzen zu erhöhen.

Regel 3.6: Der Bereich der divergierenden Interessen von ESG muss zunächst verstanden und intelligent anerkannt werden. Es gibt immer Herausforderungen und Chancen für gegenseitige Win-Win-Deals als Alternativen.

Regel 3.7: Die Grenzen der Nachhaltigkeit können überwunden werden, indem die richtigen intellektuellen Interessen und Kapitalmachtbedingungen kombiniert werden, um die notwendigen Bedingungen für die Entwicklung zu schaffen.

Die Utopien

Typischerweise bezieht sich eine Utopie auf eine fiktive Gesellschaft, die ihren Bürgern als intentionale Gemeinschaft sehr wünschenswerte oder perfekte Umstände bietet. Hypothetische Utopien betonen unter anderem die Gleichheit in den Bereichen Wirtschaft, Soziales, Umwelt, Politik und Governance, wobei verschiedene Ideologien unterschiedliche Umsetzungsstrukturen und -methoden vorschlagen. Zu den Utopien gehören: Der Sozialismus, der besagt, dass die Gemeinschaft und nicht die Individuen das Eigentum und die natürlichen Ressourcen besitzen und verwalten sollten, teilt eine Opposition gegen eine uneingeschränkte Marktwirtschaft und der Glaube, dass das öffentliche Eigentum an den Produktionsmitteln und dem Geldverdienen zu einer besseren Verteilung des Reichtums und einer egalitäreren Gesellschaft führen wird.

Es war Karl Marx, zweifellos der einflussreichste Theoretiker des Sozialismus, der Robert Owen, Charles Fourier und andere frühere sozialistische Denker als "Utopisten" bezeichnete und ihre Visionen als träumerisch und unrealistisch abtat. Für Marx bestand die Gesellschaft aus Klassen: Wenn bestimmte Klassen die Produktionsmittel kontrollierten, nutzten sie diese Macht, um die Arbeiterklasse auszubeuten. Die Unzufriedenheit mit der kapitalistischen Gesellschaft förderte die Entwicklung neuer Ideologien. Der Kommunismus war eine Antwort auf die harten Bedingungen des Industriekapitalismus für die städtische Arbeiterklasse. Sie schlug eine neue wirtschaftliche und soziale Vision vor, die ihrer Meinung nach die soziale Ungleichheit beseitigen würde.

Robert Owen war ein walisischer Textilfabrikant, der während der ersten industriellen Revolution lebte, einer Zeit des rasanten technologischen Fortschritts, die sich auf die Massenproduktion auswirkte und zur Verbreitung von Fabriken in Europa und den Vereinigten Staaten führte. Er bemühte sich um die Verbesserung der Arbeitsbedingungen in den Fabriken und förderte experimentelle sozialistische Gemeinschaften. Owen trug dazu bei, indem er das Konzept des Acht-Stunden-Arbeitstages für seine Mitarbeiter populär machte und das Konzept in der Gesellschaft immer weiter verbreitete. Viele kapitalistische Verhaltensweisen, so Owen, seien ethisch unmoralisch. In der Folge stellte er seinen Mitarbeitern Ressourcen zur Verfügung. Kostenlose Kinderbetreuung, Wohnraum, ein kürzerer Arbeitstag, kostenlose Bildung für Kinder und die Begrenzung der

Kinderarbeit gehören zu den verfügbaren Ressourcen. Owen appellierte an das Eigeninteresse der Kapitalisten und wies darauf hin, dass ebenso wie Maschinen eine gute Pflege und Aufmerksamkeit benötigen, um einen nahtlosen und effizienten Betrieb zu gewährleisten, dies auch für Menschen gilt. Er versuchte, eine utopische sozialistische Gemeinschaft in New Harmony, Indiana, zu schaffen. In dieser Stadt bauten die Menschen ihre Feldfrüchte an und produzierten Waren, die verkauft wurden, und Bildung wurde kostenlos angeboten. Das New Harmony-Experiment scheiterte jedoch an den unterschiedlichen Überzeugungen seiner Mitglieder und wurde nach Meinungsverschiedenheiten über Religion und Regierung fragmentiert.

Charles Fourier stellte fest, dass die Industrialisierung zu enormen Fortschritten und unvorstellbarem Wohlstand geführt habe, dass aber die Reichen im Vergleich zum Rest der Gesellschaft überproportional profitierten. Er glaubte, dass die Gesellschaft am besten funktionieren würde, wenn die Menschen Gemeinschaften bildeten, die als Phalangen bezeichnet wurden und um individuelle Persönlichkeiten und Emotionen herum organisiert waren, und er versuchte, die Armut durch die Gründung wissenschaftlich organisierter Genossenschaften zu lindern. Jede Phalanx sollte als Aktiengesellschaft gegründet werden, wobei die Einnahmen auf der Grundlage des Geldbetrags, den die Mitglieder investiert hatten, ihrer Fähigkeiten und ihrer Arbeit verteilt werden sollten. Frauen erhielten gleiche Arbeitschancen und gleiche Entlohnung in den Phalanxen sowie eine gleichberechtigte Beteiligung an Entscheidungsprozessen und das Recht, in öffentlichen Sitzungen das Wort zu ergreifen. Obwohl eine Fourier-Gemeinschaft 18 Jahre überlebte, scheiterte die Mehrzahl von ihnen.

Der Utopie-Sozialismus war aufgrund der Komplexität der menschlichen Natur, des Interesses und der Motivation der Gemeinschaft, der Herausforderung der wirtschaftlichen Effizienz bei der Verteilung von Ressourcen, der Bürokratie und der Zentralisierung der Macht, des Mangels an Innovation für den Fortschritt und der Vielfalt der Meinungen und Werte schwer zu verwirklichen. Einige der sozialen Experimente der Vision des utopischen Sozialismus, dass die Gesellschaft kooperativer ist, sind jedoch weiterhin der Meilenstein auf dem Weg zu einem humaneren Arbeitsplatz und einer menschlicheren wirtschaftlichen Machbarkeit für heute und die Zukunft. Die Chancen einer utopischen Zukunft sind nach wie vor ungewiss, es ist schwierig, beiden Ergebnissen spezifische Wahrscheinlichkeiten zuzuordnen, da sie von komplexen Wechselwirkungen zwischen gesellschaftlichen, ethischen, wirtschaftlichen und technologischen Faktoren beeinflusst werden. Die utopischen Gemeinschaften lieferten jedoch Blaupausen für eine ideale Gesellschaft und Zukunft der Menschheit.

Der Commonismus

Der Commonismus sind kulturelle und natürliche Ressourcen, die allen Mitgliedern einer Gesellschaft zur Verfügung stehen, wie Luft, Wasser und eine bewohnbare Erde. Unabhängig davon, ob sie sich in individuellem oder öffentlichem Besitz befinden, werden diese Ressourcen gemeinsam gehalten. Commonismus sind auch natürliche Ressourcen, die von Gruppen von Menschen und Gemeinschaften zum Nutzen des Einzelnen und der Gemeinschaft verwaltet werden. Diese ist gekennzeichnet durch die Verwendung einer Vielzahl informeller Normen und Werte sozialer Praxis als Steuerungsmechanismus. Commonismus kann alternativ als eine soziale Praxis definiert werden, eine Ressource durch Institutionen zu regulieren, die von einer Gemeinschaft von Nutzern und nicht von einem Staat oder Markt geschaffen werden.

Commonismus beinhaltet nicht notwendigerweise eine zentralisierte Autorität oder eine Planwirtschaft, sondern stützt sich vielmehr auf freiwillige und kollektive Formen der Koordination und Vermittlung durch Commoning. Commoning ist die Praxis des Schaffens, Verwaltens und Teilens von Ressourcen zum Wohle aller. Die Gemeingüter werden nun als gemeinsame Ressourcen betrachtet, an denen jeder Akteur ein gleiches Interesse in einem kulturellen Kontext hat. Literatur, Musik, Kunst, Design, Kino, Video, Fernsehen, Radio, Information, Software und Kulturerbestätten sind Beispiele für Commons. Wir erleben den Beginn eines neuen Jahrtausends und einer neuen Ära, in der die Emotionen, Einstellungen und Wahrnehmungen eines jeden zunehmend von Bedeutung sind. Ressourcen und Möglichkeiten sind häufig begrenzt. Die Ressourcen, die von einer Gemeinschaft gemeinsam gehalten und verwaltet werden, mit offenem Zugang, d. h. Ressourcen, die allen offen stehen, bei denen es jedoch schwierig ist, den Zugang einzuschränken oder Regeln aufzustellen. Dadurch kann und wird es zu Konflikten kommen.

Im Jahr 1968 untersuchte Garrett Hardin das soziale Dilemma von "The Tragedy of the Commons": Sollten einige Menschen ungehinderten Zugang zu einer endlichen, wertvollen Ressource haben, werden sie dazu neigen, sie übermäßig zu nutzen und am Ende ihren Wert insgesamt zu zerstören. Umweltverschmutzung und Klimawandel wurden als massenhafte Illustration der Tragödie der Allmende verwendet. Diese Sichtweise besagt, dass die Erde als Gemeingut eine Erschöpfung der natürlichen Ressourcen erlebt hat, ohne Rücksicht auf externe Effekte, wie z.B. die Auswirkungen auf benachbarte und zukünftige Menschen. Individuelles, organisatorisches und staatliches Handeln trägt weiterhin zur Umweltzerstörung bei. Die Abmilderung langfristiger Folgen und Kipppunkte erfordert strenge Kontrollen oder alternative Lösungen, auch wenn dies auf Kosten vieler Branchen gehen kann. Die Debatte über den Klimawandel konzentriert sich auf die Nachhaltigkeit des Bevölkerungs- und Industriewachstums. Die globalen Gemeingüter des Verbrauchs von Umweltressourcen oder des Egoismus, wie z. B. im Sektor der fossilen Brennstoffe, wurden als unkontrollierbar theoretisiert. Dies ist auf das Überschreiten irreversibler Wirkungsschwellen zurückzuführen, bevor die Kosten vollständig verstanden werden.

Der Hauptgrund für die Tragödie der Allmende ist, dass es unklare Eigentumsrechte an den Ressourcen gibt und die Menschen ihre eigenen Bedürfnisse über die Bedürfnisse der Gesellschaft gestellt haben, selbst wenn sie sich bewusst sind, dass der Missbrauch der Ressource ihren langfristigen Interessen nicht dienen würde. Die Tragödie der Allmende kann auch im Hinblick auf die Herausforderungen verstanden werden, mit denen Indien konfrontiert ist, das, obwohl es im Jahr 2023 an fünfter Stelle der weltweiten Produktionsproduktion steht, viele Städte mit Rauch und schädlichen Gasen bedeckt hat, die Freisetzung einer Vielzahl von Schadstoffen in Flüsse, die schwarz vor Schmutz gefärbt sind, das Grundwasser erschöpft und die Bürgersteige mit verschiedenen Arten von Abfall bedeckt sind, Verlust der Artenvielfalt mit schwindender Flora und Fauna, illegale Plünderung natürlicher Ressourcen, überfüllte Züge, Staus und Staus auf öffentlichen Straßen und illegale Steinbrüche für den Bau.

In der realen Welt endet das Teilen von Ressourcen nicht immer in einer Tragödie, um den Nutzen aus der Nutzung der Commons zu maximieren, können wichtige Interessengruppen in gegenseitigem Einvernehmen zusammenarbeiten, indem sie die Nutzung der Commons erhöhen oder reduzieren. Ressourcen, die von einer Person gespeichert wurden, können von jedem anderen Benutzer verwendet werden. Der Begriff der Freiwilligkeit untermauert den commonistischen Ansatz zur Etablierung gesellschaftlicher Lebensverhältnisse. Voluntarismus funktioniert nur, wenn Form und Organisation der Gesellschaft den Bedürfnissen der Gesellschaft am besten entsprechen. Gesellschaftliche Bindungen sollten bewusst sein und nicht das Produkt einer ungezügelten Marktdynamik sein. Es gibt keine rationale Hoffnung, dass individuelles, freiwilliges Handeln in einer Tragödie der Gemeingüter die Oberhand gewinnen wird. Die Verpflichtung besteht nicht darin, den individuellen Verbrauch sinnlos zu reduzieren, sondern einen Tarifvertrag zu fördern, um den Verbrauch aller auf ein nachhaltiges Maß zu reduzieren.

Der Pragmatismus

Pragmatismus bedeutet irgendwie Geschäft, berücksichtige die praktischen Auswirkungen der Objekte deiner Vorstellung. Charles Sanders Peirce entwickelte in den 1870er Jahren in den Vereinigten Staaten die Idee der Pragmatischen Maxime, dass die Untersuchung von echtem Zweifel abhängt, nicht von bloßen verbalen oder hyperbolischen Zweifeln, und sagte, dass es wichtig ist, eine Vorstellung fruchtbar mit Illustrationen der Logik der Wissenschaft zu verstehen, wie wir unsere Idee verdeutlichen können.

Der radikale Pragmatismus ist in Deng Xiaopings Maxime "Es spielt keine Rolle, ob eine Katze schwarz oder weiß ist, solange sie Mäuse fängt". Die Theorie spielte auch eine wichtige Rolle in Chinas moderner Wirtschaft, da Deng die Öffnung Chinas nach außen, die Implementierung eines Landes, zweier Systeme und durch die Formulierung "Suche die Wahrheit aus Fakten" betonte, ein Plädoyer für politischen und wirtschaftlichen Pragmatismus. Dengs Theorie förderte den Aufbau des Sozialismus innerhalb Chinas, indem er chinesische Prägungen entwickelte, die von Chinas wirtschaftlicher Reformpolitik mit dem Ziel der Selbstverbesserung und der Entwicklung eines sozialistischen Systems geleitet wurden. Die Theorie von Deng Xiaoping spielte eine entscheidende Rolle bei der Transformation Chinas von seiner ehemals staatlichen Kommandowirtschaft zu einer sozialistischen Marktwirtschaft, die sich erfolgreich durch alle Phasen der industriellen Revolution mit nachhaltiger Entwicklung wandelte, was zu einem raschen Anstieg des Wirtschaftswachstums innerhalb des Landes führte, der als chinesisches Wirtschaftswunder bekannt ist.

Im Jahr 2023 ist China laut einer australischen Denkgruppe bei 37 von 44 wichtigen Technologien, wissenschaftlichen und Forschungsfortschritten weltweit führend. Nach Angaben des Australian Strategic Policy Institute (ASPI) ist China auf dem besten Weg, die weltweit führende Technologie-Supermacht zu werden, mit einer Dominanz in den Bereichen fortschrittliche Materialien und Fertigung. künstliche Intelligenz, Informatik und Kommunikation; Energie und Umwelt; Quant; Biotechnologie, Gentechnologie und Impfstoffe; Sensorik, Timing und Navigation; und Verteidigung, Raumfahrt, Robotik und Transport. Die Ergebnisse der Denkfabrik von Chinas führender Forschungsposition, um sich in der technologischen Entwicklung auszuzeichnen, sind richtig. Ihre Empfehlungen an Partner und Verbündete, gemeinsam zu handeln und sich ausschließlich auf China zu konzentrieren, sind jedoch intelligent verwirrt, damit die Demokratien eine Bestandsaufnahme ihrer kombinierten und komplementären Stärken vornehmen können. Es ist eine rückständige Intelligenz, nicht mit einem Land zu lernen und zusammenzuarbeiten, das der Welt eine bessere Zukunft in der nachhaltigen Entwicklung bieten kann.

Es ist unvermeidlich, dass China die Auswirkungen der utopischen Demokratien der freien Welt mit vielen Missverständnissen und Narrativen zu spüren bekommt, mit steigenden US-Zöllen, Handelssanktionen, Bildungsaustausch und Technologieverboten. Es gibt keine wirklichen Gewinner und keinen ernsthaften Schaden für die Weltwirtschaft, wenn protektionistische Maßnahmen eskalieren. Länder, die Zölle erheben, und Länder, die von Zöllen befreit sind, würden wirtschaftliche Verluste erleiden, während Länder am Rande Kollateralschäden erleiden würden. Zölle würden zu dauerhaften Einbußen bei der Wirtschaftsleistung führen, weil verzerrte Preissignale die Spezialisierung behindern würden, die die globale Produktivität maximiert. Die Kosten für den Ausschluss Chinas aus der Wirtschaft sind zu hoch und nicht logisch, wenn der Welt billigere, bessere und lebenswichtigere Produkte und Dienstleistungen mit fortschrittlichen Technologien angeboten werden. Auf der praktischen Seite wird das Pragmatismus-Geschäft immer in der Lage sein, Wege zur Anpassung mit mehr Widerstandsfähigkeit der Lieferkette angesichts geopolitischer Risiken zu finden. Viele gewöhnliche Menschen glauben, dass die jüngsten wirtschaftlichen Errungenschaften des Landes mit umfassender Armutsbekämpfung, enormen Infrastrukturinvestitionen und der Entwicklung zu einem Technologie-Innovator von Weltrang auf einen pragmatischen Sozialismus chinesischer Prägung zurückzuführen sind.

Der ESG-Kodex der industriellen Revolutionen

Die Bereitschaft für die Zukunft der industriellen Revolution zum Wohle der gesamten Menschheit erfordert globale Lösungen. Global integrierte Systeme der industriellen Revolution erfordern nicht nur ausgefeilte neue wissenschaftliche Entdeckungen und Kenntnisse, technologische Fähigkeiten und Talente bei der Umsetzung, neue Erfindungen und Innovationen bei der Nutzung von Intelligenz, akkumulatives Kapital, regenerative Biokapazität von Energie- und Materialressourcen, verantwortungsvolles Wirtschaften, das Engagement mehrerer Interessengruppen, sondern auch ESG-Codes, Standards, Normen und Vorschriften, die technische, geografische und politische Grenzen überschreiten. Der ESG-Kodex wäre notwendig, um Effizienzsteigerungen freizusetzen und eine nachhaltige Entwicklung über globale Wertschöpfungsketten hinweg zu erleichtern.

Die Gleichung für den ESG-Kodex in der zukünftigen industriellen Revolution kann vielleicht in Abhängigkeit von der exponentiellen Kurve ausgedrückt werden, die wie folgt gegeben ist:

$$I = \int_{I1}^{If} s.g.i.l.L.C.R.M.e^{b(E+M-k.ESG)}.\Delta t$$

Wo

I = Industrielle Revolution

Wenn = Industrielle Revolution der Zukunft

I1 = Erste industrielle Revolution

s = Wissenschaftliche Entdeckungen und Erkenntnisse (Die abhängige Variable der Qualität der Bildung usw.)

g = Der Genie-Faktor

i = Erfindungen, Innovationen und Patente

C = Kapital (Die abhängige Variable des Finanz-, Industrie-, intellektuellen, Human-, Sozial- und Beziehungskapitals sowie des Naturkapitals) l = Landnutzung

L = Arbeit

R = Verantwortungsvolles Wirtschaften

M = Markt

b = Wachstumsrate konstant

E = Energie (Die unabhängigen Eingangsgrößen)

M = Materialien (Die unabhängigen Eingangsgrößen)

k = Interessen der wichtigsten Stakeholder (Wissen, Bedenken, Erwartungen usw.)

ESG = Environmental, Social & Governance Material Topics (Die unabhängigen Ergebnisvariablen)

Δt = Veränderung im Zeitverlauf

e = ist die Basis des natürlichen Logarithmus (ca. 2,71828)

In der zukünftigen industriellen Revolution sollte nachhaltige Entwicklung darin bestehen, Intelligenz für das Gute zu nutzen und die soziale Verantwortung für ein besseres Leben voranzutreiben. Alle Bestrebungen der Menschheit sollten sich zumindest an der Charta der Vereinten Nationen und der Allgemeinen Erklärung der Menschenrechte orientieren, die versprechen und verpflichten, dass niemand zurückgelassen werden darf und dass kein Menschenrecht missachtet wird.